君曰卜尔

先秦时代的君权形态与想象

刘铁伦 著

人民东方出版传媒
People's Oriental Publishing & Media
東方出版社
The Oriental Press

本书由北京服装学院培育基金项目支持

目　录

绪　论
从“长君”到“帝君”

吉蠲为饎，是用孝享。

禴祠烝尝，于公先王。

君曰卜尔，万寿无疆。

——《小雅·天保》

“君主”是古代中国政治情境中最为重要的角色，而“君权”是古代中国政治体系里的核心单位，君权在历代政治思想中都是一个绝对式的前提。古代中国政治文化显著异于其他文明的一点就是很早地出现了强大的君权，和以君权为中心的制度体系。由于君权在国家机器内的强势发展，社会思想也渐受其支配，这一特点被刘泽华先生称为“王权主义”[①]。君权如同一套正向反馈系统，天然地具有内生张力，对这一现象的概括不只囿于中华，西

① 刘泽华先生的“王权主义”更多地认为是政治权力支配着古代经济与社会发展，而不认为“政治权力是封建经济运动的必然产物”。

方学界亦将君权和公共性权力一齐喻为“利维坦”[①]。凡君主者，在不断扩展权能以实现对客观世界的技术性统治的同时，还会基于时代土壤而构建起一套历史话语。借此引申出政治思想史中的一个重要命题，即君权如何在现实中完成权能施展的合法性诠释以及如何对未来其至高的、绝对的神圣形象进行建构。

自秦始皇创制始，“皇帝”称谓连同其权力体系一直延续至清亡。秦帝的君主权能与形态已然非常强大和成熟，正如太史公司马迁所记“天下之事无大小皆决于上”[②]。秦帝权力形态呈现出的这种成熟与完备揭示出秦之前也必然存在长时间的历史积累与沿革。如同所有的事物一样，君权的起源和发展在秦以前必然经历了一个漫长而精彩的过程。而作为中华民族典章文化草创之世的先秦时代，剧烈的生产技术变革撬动着无数事物从溟濛走向曈昽。本书自此着眼，以先秦时代不同历史阶段的君权形态与君主自我权力意识为研究对象，试图总结出一条君主权力及其思想的发展轨迹，并探究这一发展过程中不同阶段所出现的推动因素与制约因素。

一、“金扁担”的想象

有这样一个故事，两个同行的挑夫在行程中放下了各自负责运输的货品，歇脚的时候闲聊起一个问题：贫穷的挑夫使用的竹

---

① 参见［英］霍布斯：《利维坦》，黎思复、黎廷弼译，北京：商务印书馆，1985 年。

② 《史记》卷 6《秦始皇本纪》，北京：中华书局，2014 年，第 347 页。

木扁担，粗糙难看且容易硌痛肩膀。那么富有的皇帝会用什么材质的扁担呢？估计是用纯金打造的金扁担吧？

如果我们觉得这个问题非常可笑，那是因为我们站在了所谓的上帝视角去回溯另一个世界。挑夫的认知极限，就是在自己既有的生活品质和生产模式下去想象简单的量的增益，而不能想象到一种不需要承担生产劳动的生活状态，这是贫穷的生活没有给予挑夫以想象的空间，也就是意识被物质禁锢。

不谈跨越时空的认知，即使面对当下的社会，多数人对“朋友圈”以外人的生活或许也会缺乏想象力。某位影视明星曾在一次访谈节目中坦言他会时常给自己安排一场“说走就走的旅行”。仅仅是为了提振消极的心态，他就会径直跑去机场，订最晚一班的从中国香港到伦敦的机票，在伦敦的公共广场喂上一天鸽子。或许看着洁白的鸽子啄取食物和振翅飞翔，这位大明星就能完成一次自我心灵的纾解与人生境界的升华。显然这种高成本的解压手段超越了绝大多数人可能的选项，故而在互联网社交平台中“贫穷限制了我的想象”这般戏谑段子被很多人用来做无奈又诙谐的自嘲。

2020 年全国两会期间，习近平总书记在看望参加政协会议的经济界委员时，也讲到了一个“金扁担”的故事——当年在陕北黄土地上，他问老百姓觉得过什么样的日子最好，具体的目标是什么？老百姓回答：第一个目标是能吃饱肚子，哪怕吃糠咽菜都行；第二个目标是吃高粱、玉米面等纯粮食；第三个目标是想吃细粮就吃细粮，还能经常吃肉。他让老百姓再大胆想想还有什么更高的境界，老百姓说："那就将来干活挑着金扁担。"

毫无疑问，老百姓所谓的"金扁担"绝非字面意思上的纯金材质的劳动工具。笔者个人揣测"金扁担"的喻意是每一个农业家庭基于厚实的经济存量而实现的"好日子"。而习总书记给出的理解则是"农业现代化"，更进一步地诠释了实现"好日子"所必需的进一步创造农业经济增量的方法。诚然，我们对任何事物的认识都不可能脱离环境土壤而独立存在，必然会将对现实的印象和寄寓掺入对事物，尤其是对未知事物的认识。就如同贫穷的挑夫所想象出来的皇帝，只可能是个用金扁担挑货的富有的劳动者。

二、历史的螺旋

"金扁担"这一概念，我们需要把它理解为一种四维事物，是无数时间点位上的静态模型在连续排列后描摹出的历史行迹。是上一时间节点的君主对自身权力所开展的想象于"未来"的存在。简而言之，也就是循于现况而擘画出的未来可能实现的"最好的自己"。人有对实体财富的想象，也会有对抽象权力的想象。太史公就在《史记》中记录了一个小故事：

西南夷君长以什数，夜郎最大……滇王与汉使者言曰："汉孰与我大？"及夜郎侯亦然。以道不通故，各自以为一州主，不知汉广大。[①]

① 《史记》卷116《西南夷列传》，北京：中华书局，2014年，第3625–3630页。

同样的故事也出现在班固所撰《汉书》之中，基于两史的记述形成了“夜郎自大”的成语。滇王与夜郎王的井蛙之见反映的就是他们对君主权力另类“金扁担”式的想象。这里其实我们可以发现，滇、夜二王的自大有着明确的上限，非不能，实不为也。因为过低和过高的设定都不利于构建君主形象。就好比能够准确预言明天的降雨，那是神人；预言3天内将有降雨的是高人；而预言300天内将有降雨，只是个凡人。过低的权力想象损害威严性与神秘性，过高的权力想象压缩的是诡辩缓冲的空间。在这种自我设定中，最为重要的可变参数就是时间。针对现实矛盾的解决，只要有一套合适的话语将之抛入历史远景，通过添加时间体量去稀释瞬间风险，等于留下了自圆其说的后门。

相对于想象中的变量，同样也存在不变量。前文所言“金扁担”的本质，是在既有物质条件之上想象出来的简单的量的增益。用那种熟悉感来使得添加了时间变量的未来想象看上去充满合理性。在滇王与夜郎王自大地问出“汉孰与我大？”之中，可见西南诸夷自然而然地认为遥远的汉地一定也是族邦林立、大者为霸的权力格局。今之滇黔地区受山川割切，两处聚落间的行程距离可能相对直线距离有十倍、百倍，乃至无可交通之遥。经济空间的散碎必然制造了权力实体的狭仄。西南诸夷，多至“什数”，或“邑居”或“迁徙”，即使其认知极限亦不能支撑起“九州—四海—天下”量级的想象，也就断然不可能想象出一个志在“普天之下”和“率土之滨”的君主的野望。

若将君权视作一个动点，它的发展或许可以具象地形容为螺旋，变量提供着演进的动能，而不变量则牵拉着动点以圈描出不相交的轨迹。两者合而构成了君主权能的权威形象与权力形象。前者要勾画未来而往往诉诸神秘主义，后者则要根植现实，在与社会基本共识相妥协之下搭建形体。

三、平行的端点

对君权形态的历史观察因循着作为变量的时间与作为不变量的时代共识。意大利哲学家克罗齐认为，历史本是没有活力的死物。而有活力、有生命的历史，本质上都是“当代史”，是借用历史元素而打造的当代寓言。[①] 若对克罗齐的理论进行一定的延展，那么“未来”就如同未成形的卵胎，之所以成为备受期待的生命，就在于被父母亲族以当下的物质条件和主观祈望所寄托。基于家族产业可能被想象成继承与光大者，基于家族遗传可能被想象出体型与容貌。所以在思想史视阈下的君权，其发展的螺旋将伴随其锚定的端点而在历史的坐标中位移，也就形成了君权在权力形象与权威形象历史演变中的阶段性特质。

君主的权力形象可以理解为君主在政治活动中用以施展权力的实践总和。在近代科学思想成熟之前，人类各文明几乎不存在于理论推定之上进行先验式的制度探索。权力的实践往往都是对

① 参见［意］贝奈戴托·克罗齐、［英］道格拉斯·安斯利英译：《历史学的理论和实际》，傅任敢译，北京：商务印书馆，1982 年。

社会既有矛盾的被动适配。本研究参鉴诸多有关国家起源与形态演进理论，认为先秦社会的政治权力组织形态至少存在四个历史阶段，分别是夏代以前，属于前国家时代的部落联合体形态；夏、商二代的“主权聚合型复合制”国家形态；姬周政权在大规模分封完成之后所构建起来的“主权分享型复合制”国家；以及秦始皇统一六国并建立皇帝名号与制度后直至清亡的中央集权帝国形态。

无论是国家政治结构还是君权形态都是一个动态概念。故本研究又在社会政治结构的四阶段中各选取了一个在传世文献与考古证据中相对显性的模型，并以此为“端点”探究权力形象背后为了构建未来话语所塑造的权威形象。所谓“权威形象”就是某一阶段君主权力的理论上的完成形，是君主在特定时代中所能想象的“最好的自己”，或用更流行的网络热词形容，就是君主为自己打造的“人设”。

在一个由多个血缘部落凝聚起联盟，联盟与联盟间再构建起大联盟的前国家时代，还尚未形成明确的阶级。各血缘部落的君长往往与本部落族胞处于平等身份，那么权力的合法性并非如我们所熟知的那般寻求某种形式的共识以得授予；而是通过相对客观的、可一定程度量化的劳动成绩来争取。故而夏世以前的至高君主在部落联盟中作为主持者而非支配者所能构建的完美形象是能钦天、稼穑、安民、驯兽、力战的全能英雄。

伴随着生产力的逐步发展，血缘部落内部劳动分工逐渐细化，私有制进一步发展而形成了需要更为明确且固化的基于简单生存理性而逐渐丰满起来的习惯法。部落成员间平等的劳动合作也逐渐出现了不平等的义务与责任。而部落君长逐渐从需要躬耕亲征的族胞英雄转变为无须日常劳动的纯粹的统治者。为了弭平因个体素质的参差而带来的权位不确定性。一种新的、跳脱了对君主后天素质要求禁锢且无可改易的权威形象应运而生，那便是在不断强化的祖先信仰体系中扮演侍神巫首。以部落联盟主持为端点而发展出的历史螺旋也就此断裂，在平行的另一坐标里，以祖先神的直系后裔身份垄断权位并凝聚本族力量试图维持优势暴力且意欲称霸已知世界的那位君主开启了新的发展螺旋。以祖神信仰为基础凝聚起来的人群共同体在相对客观明确的血系标识下，或许不会因主观观念分化而解体，但也成了血缘人群共同体扩张的上限。被暴力所征服的敌对共同体由于没有与征服者共同的祖先信仰而丧失融入强势血缘共同体的可能而呈现“畏威而不怀德”之状。当用来威服敌对势力的成本增速超越了本族制霸世界所得到的收益增速时。一种类“马尔萨斯陷阱”也就逐渐显形。跌入陷阱的历史螺旋再次断裂，作为对旧发展螺旋的修正，新的君权制度与观念构建继之展开。

如何超越“祖神—血缘”这一叙事来打造更大更强的人群共同体？这一问题刺激了新形态君权的奇点爆炸。最为直接的办法就是在对于各个血缘族群而言有至高地位的祖先神之上，再设置一种超血缘的、普世的、至上的信仰——天。

天，抬头可见，却无臭无形；登高可近，但触不可及。“天”给以人最深的恐惧和最大的好奇，也可以为人间一切的哲问提供无垠的诠释空间。“奉天之命、行天之道”，一场革命就在这种无法证伪的说辞中揭幕了。新的天命之君需要拥有动员非本血缘族人的权能，那么就需要一种新的组织手段化本族、外族为一。于是围绕着对血缘、土地与政权的“弱祖强天”改造就开始了。新的君权在破拆掉血缘隔阂的端点开始运动，朝向着以天之名、受地之托、秉宪乂民的理念发展开来。

然而新的君权意识也存在内生的问题，相比祖先信仰，天命信仰作为一种高度抽象化的信仰体系，更近似一种朴素的自然观。天无形无欲，只是作为一种客观的、至上的规则框界着人间活动。“天地不仁，以万物为刍狗”，无意识的天不会对任何人偏爱或厌弃，只能通过“德”这种媒介与人间实现有限沟通。这样的君主权威存在一种二元混沌，到底是有德之人得天之命，还是天命所归皆因有德？有德与天命被强行组成了一种观念上的因果。在实践中，人们还是更容易落入结果导向，将一切离乱不幸都认作天命的缺失，继而归咎于人王之失德。当对君主的想象丧失了社会共识，用天命信仰推动的君权历史也走入了螺旋的末端。

血缘的藩篱逐渐开始坍塌后，在基于地缘认同而形成的社会组织间，出现了毫无观念阻碍的对土地与属民的兼并。残酷的战争刺激了理性主义的发展，天命式微而民本崛起。在激烈的社会矛盾下，“代天行道”所服务的抽象观念远没有“为民做主”这具体的实践口号更能感召人心。在天子的端点上，君主这一权力单位朝着“圣人”的方向启动了又一段平行的历史。

综上是先秦时代君权形态与社会意识混元发展的宏观叙述。

在每一阶段中，君主的权力形象与权威形象合而构成君权的形态。分别是以尧舜君权为模型的“长君”型君权；以晚商君权为模型的“邦君”型；以西周大规模分封结束后的君权形态为模型的“王君”型；以及秦代皇帝权力为模型的“帝君”型。长君—邦君—王君—帝君的形态演进铺开了“主持—霸主—共主—皇帝”，以及“英雄—巫首—天子—圣人”这两条事物的发展线索。

四、巨人的肩膀

本书之研究众采前辈学者成果，涉及的学术前沿大致覆盖三个主要的层面：一是先秦史及相关研究；二是中国国家的起源与演变相关研究；三是中国古代政治思想与君权思想相关研究。

1. 先秦史及相关研究

这部分所罗列的著作对笔者的知识结构起到了关键作用，且多为名著，可资史学研究通用。如吕思勉①、翦伯赞②先生各自所著《先秦史》；王玉哲著《中华远古史》③；许倬云④、杨宽⑤各自所著《西周史》；童书业所著《春秋史》⑥、顾德融和朱顺龙合著《春

① 吕思勉：《先秦史》，上海：上海古籍出版社，2012 年。

② 翦伯赞：《先秦史》，北京：北京大学出版社，1990 年。

③ 王玉哲：《中华远古史》，上海：上海人民出版社，2000 年。

④ 许倬云：《西周史》，北京：生活 · 读书 · 新知三联书店，2012 年。

⑤ 杨宽：《西周史》，上海：上海人民出版社，2016 年。

⑥ 童书业：《春秋史（校订本）》，北京：中华书局，2006 年。

秋史》[①]；杨宽著《战国史》[②]；林剑鸣著《秦史稿》[③]；马非百著《秦集史》[④]；等等。

2. 中国国家的起源与演变相关研究

中国国家起源与演变是个宏大的学术命题，该问题几十年来都是先秦史学界的瞩目领域，随着田野考古资料的不断涌现，近二十年来成果斐然。

我国学者所最早接触到的相关理论是借由恩格斯在其著作《家庭、私有制和国家的起源》[⑤]（以下简称《家庭》）中所借鉴引申的由美国人类学家摩尔根所著《古代社会》[⑥]中提出的部分观点。《家庭》认为中国早期国家是由氏族社会过渡而来。“由氏族过渡到国家”这一观点在当时的学术环境中，为我国学者广为接受。我国学界公认郭沫若所著《中国古代社会研究》[⑦]是我国第一部中国古代国家起源相关理论的著作。这部以马克思主义唯物史观作为指导思想的著作固然具有极大的启发意义，但却不免落入了教条对照恩格斯在《家庭》中所讨论的历史发展模式，产生了教条论证。

① 顾德融、朱顺龙：《春秋史》，上海：上海人民出版社，2001 年。

② 杨宽：《战国史》，上海：上海人民出版社，2016 年。

③ 林剑鸣：《秦史稿》，上海：上海人民出版社，1981 年。

④ 马非百：《秦集史》，北京：中华书局，1982 年。

⑤ ［德］恩格斯：《家庭、私有制和国家的起源》，中共中央马克思恩格斯列宁斯大林著作编译局编译，北京：人民出版社，1999 年。

⑥ ［美］路易斯·亨利·摩尔根：《古代社会（上册）》，杨东莼、马雍、马巨译，北京：商务印书馆，1977 年。

⑦ 郭沫若：《中国古代社会研究》，石家庄：河北教育出版社，2001 年。

后继的吕振羽先生著有《史前期中国社会研究》[1]，该作虽然也是以恩格斯《家庭》为指南，但对理论的追求和史实的发掘都更加深了一步，尤其是其将血缘组织到地域组织的转变形迹与神话传说联系互考，这一点也对本书的写作颇有启迪。

“文革”以后的有关著作可以列举出夏鼐的《中国文明的起源》[2]，高光晶的《中国国家起源》[3]，王震中的《中国文明起源的比较研究》[4]，李学勤主编的《中国古代文明与国家形态研究》[5]，以及苏秉琦的《中国文明起源新探》[6]。以上著作多是从考古学角度对此问题进行探讨的。但由于存在着“文明起源与国家产生的时间不对等性”，并且中国早期国家组织并不都是与地域组织的出现相一致的，因此有学者开始借用国际学术界普遍使用的“早期国家”这个概念，以便将文明初期尚带着浓厚血缘组织的国家形态与以后较为成熟的国家社会区别开来。

而后应予以重视的是“酋邦”理论的引入。“酋邦”理论最早由美国人类学家卡莱沃尔·奥格博所提出，其完整的建立是以塞维斯于 1962 年所著《原始社会组织的演进》中“游团（band）—部落（tribe）—酋邦（chiefdom）—国家（state）”这一演进模式

---

① 吕振羽：《史前期中国社会研究》，北京：生活·读书·新知三联书店，1961 年。

② 夏鼐：《中国文明的起源》，北京：文物出版社，1985 年。

③ 高光晶：《中国国家起源》，郑州：河南大学出版，1989 年。

④ 王震中：《中国文明起源的比较研究》，北京：中国社会科学出版社，2013 年。

⑤ 李学勤主编：《中国古代文明与国家形态研究》，昆明：云南人民出版社，1997 年。

⑥ 苏秉琦：《中国文明起源新探》，北京：生活·读书·新知三联书店，1999 年。

为标志的。该观点最早是借由美籍华裔考古学家张光直在其著作《中国青铜时代》[①]中引用阐述，从而在20世纪80年代开始逐渐引起了国内学者的重视。中国学者易建平[②]和陈淳[③]都是国内较早探讨该理论的学者。

以上是与国家起源相关的理论研究，在谈到中国古代国家形态演变问题时，当最先提到侯外庐先生的《中国古典社会史论》[④]。该书首以“城市国家”作为研究古代文明和国家起源的路径，力图探讨中国古代国家形成的独特途径。而继侯外庐之后，以宫崎市定[⑤]为代表的日本学界于20世纪50年代也开始用“城市国家”（日语直译则为“都市国家”）这一概念来理解商周到春秋初期的国家结构。宫崎先生还把世界古代史的发展路径概括为：“氏族制度—城市国家—领土国家—大帝国”这样几种形态和阶段。20世纪50年代以来，日本的中国古史学界每每用“城市国家—领土国家—帝国”或“邑制国家—领土国家—帝国”这样的模式来论述中国由

---

① 参见张光直：《中国青铜时代》，北京：生活·读书·新知三联书店，1981年，第50-51页。

② 易建平：《部落联盟与酋邦——民主·专制·国家：起源问题比较研究》，北京：社会科学文献出版社，2004年。

③ 陈淳：《文明与早期国家探源——中外理论、方法与研究之比较》，上海：上海书店出版社，2007年。

④ 1943年侯外庐在重庆出版了《中国古典社会史论》；1948年以《中国古代社会史》为题由新知书局出版了初版的修订本；1955年改题为《中国古代社会史论》，由人民出版社出版。

⑤ ［日］宫崎市定：《关于中国聚落形体的变迁》，载刘俊文主编：《日本学者研究中国史论著选译》第3卷《上古秦汉》，黄金山等译，北京：中华书局，1993年。本文所引内容出自汉译本。

先秦至秦汉的国家形态的演进。

我国学术界新的理论思想汇入后逐渐摆脱思维禁锢，一些学者尝试不再采用“五种生产方式”的模式去理解国家与社会形态变革，转而提出用另外的框架来表述中国古代国家形态的演进。如田昌五先生提出用“洪荒时代—族邦时代—封建帝制时代或帝国时代”把古代中国的社会发展划分为三大阶段。其所言的封建帝制或帝国时代主要讲两千多年来中国社会循环往复变迁的历史。田昌五[①]先生的由先秦“族邦”到秦汉“帝国”的发展模式的理论体系中，其族邦的概念在反映先秦国家的宗族特性方面最有其独到之处，但商周时期的国家结构，并非都处于族邦或邦国这一层面，在存有邦国的同时，还存在有中央王国或称中央王朝与地方邦国、诸侯的互动关系问题，所以从族邦到帝国的框架也存在不尽如人意之处。苏秉琦[②]先生“古国—方国—帝国”的模式框架，在反映先秦国家形态演变的阶段性上，有其合理性，但“古国”“方国”词语本身却是不规范的，带有一定的随意性。继而王震中又提出了“邦国—王国—帝国”的聚落三阶段和国家三形态说。[③]他认为中国古代最早的国家（或可称为初始国家）是小国寡民式的邦国，邦国的进一步发展是王国，王国以后是通过专制主义的中央

① 田昌五：《中国历史体系新论》，济南：山东大学出版社，1995 年；《中国历史体系新论续编》，济南：山东大学出版社，2002 年。

② 苏秉琦：《中国文明起源新探》，北京：生活·读书·新知三联书店，1999 年。

③ 王震中：《邦国、王国与帝国：先秦国家形态的演进》，《河南大学学报（社会科学版）》2003 年第 4 期；《夏代“复合型”国家形态简论》，《文史哲》2010 年第 1 期。

集权走向了帝国。中国古代帝国阶段始于战国之后的秦王朝。帝国时期的政体实行的是专制主义的中央集权。王震中认为至少战国时期郡县制的推行和以授田制为特色的土地国有制的实行，以及先秦时期“普天之下，莫非王土；率土之滨，莫非王臣”的政治理念的作用，都是秦汉专制主义中央集权国家得以形成的基础和条件。胡鸿[①]则从综合角度给“帝国”做了另一番定义，即以秦汉帝国为典型的一类政治体，其特征首先是以皇帝为神圣的和世俗的最高领袖；其次拥有发达的官僚机构，官僚不是世袭的贵族，而选拔自全国各地；再次通过郡县制度，实现中央集权；最后在国内建立相对同质的统治，表现在法律、赋税标准、地方行政、历法等方面。

3. 中国古代政治思想与君权思想相关研究

目前有关先秦君权政治理论及政治思想的研究，最具代表性的学术观点无疑是刘泽华先生创立的“王权主义”理论。甚而由此形成了在国内影响颇大的“刘泽华学派”[②]。刘泽华在《专制权力与中国社会》一书中，较为全面地阐述了其“权力支配社会”的著名观点。刘泽华指出：“权力可以和一切有价值的东西挂起钩来，社会上一切美好的东西都源源不断地流向有权者，政治权力成为当

---

① 胡鸿：《能夏则大与渐慕华风——政治体视角下的华夏与华夏化》，北京：北京师范大学出版社，2017 年。

② 李振宏称其为“王权主义学派”，见李振宏：《中国政治思想史研究中的王权主义学派》，《文史哲》2013 年第 4 期。

时比任何有形的东西都更值得追求的无价宝。”[①]他认为：“中国传统社会的最大特点是‘王权支配社会’。”[②]随即，他系统阐述了“王权主义”理论的架构：

我所说的王权主义既不是指社会形态，也不限于通常所说的权力系统，而是指社会的一种控制和运行机制。大致说来又可分为三个层次：一是以王权为中心的权力系统；二是以这种权力系统为骨架形成的社会结构；三是与上述状况相应的观念体系。[③]

在此框架之下，刘泽华及其他学者对“王权主义”从不同的视角进行研究与评论。如张师伟认为：“刘泽华先生对中国传统政治思想的研究结论能提升人们批判地认识传统的意识，颇有利于人们发现现实社会中残存的诸多旧观念，从而促进中国社会在观念层面上从过去走出来。”[④]李振宏则对“王权主义学派”及其学术

---

① 刘泽华、汪茂和、王兰仲：《专制权力与中国社会》，长春：吉林文史出版社，1988年，引言第2页。

② 刘泽华：《王权主义概论》，《锦州师范学院学报（哲学社会科学版）》2001年第3期。

③ 刘泽华：《中国政治思想史集（第三卷）：王权主义与思想和社会》，北京：人民出版社，2008年，第2页。

④ 张师伟：《一个批判的解读：刘泽华王权主义的中国政治思想史研究述论》，《哈尔滨工业大学学报（社会科学版）》2016年第5期。

主张进行了系统的梳理与分析，开相关研究之先河。[①]李宪堂在刘泽华“王权主义”理论的基础上，对其学术观点进行了更加高度的概括，名之曰“王权批判理论”，并认为：“刘先生并不像他的对手所污蔑的，是一个阴郁的历史虚无主义者，他只是强调有了‘破’才谈得上‘立’，在开始大规模的文化建设工程之前，我们还有太多的基础性清理工作要做。”[②]林存光认为王权主义理论是“对‘王权支配社会’这一中国古代社会的根本特点和中国传统文化的‘王权主义’主旨所作的最富创见性的系统反思、全面清理和深刻论述”[③]。葛荃认为：“王权主义不是一个简单的政治意识形态化的断语，而是对中国传统社会的政治、经济和思想文化的结构性认知。”[④]薛政超则从更为宏观的视角，对新时期出现的包括“王权主义”在内的各种学术观点进行综合分析，认为：“诸种新说导引着新时期对中国古代特色发展道路的思考和认知，同时人们也要把握其共存问题的症结并正确应对以便获得新的发展。”[⑤]李辉则从道

① 李振宏：《中国思想史研究中的学派、话语与话域》，《学术月刊》2010年11月号；《王权主义历史观的有效性及其证成》，《天津社会科学》2015年第2期；《在矛盾中陈述历史：王权主义学派方法论思想研究》，《河南师范大学学报（哲学社会科学版）》2017年第5期。

② 李宪堂：《刘泽华先生之王权批判理论的内容及价值》，《西部学刊》2014年第12期。

③ 林存光：《思想、社会与历史——刘泽华先生的“王权主义”说评析》，《天津社会科学》2009年第3期。

④ 葛荃：《中国政治思想史研究的源流与规训》，《天津社会科学》2015年第2期。

⑤ 薛政超：《构建中国古代史主线与体系的新视角——以王权、地主、农商和富民诸话语为中心》，《史学理论研究》2017年第4期。

家思想的层面论证了“道家思想的精髓与儒家及其他思想的‘合流’共同为王权主义打造了强有力的理论基础”[①]。杨阳认为：“中国传统社会意识形态与政治系统的‘政教合一’的社会结构样式，决定中国传统思想文化与政治制度呈现惊人的同质性，王权主义也就构成中国传统文化的基本精神，而圣王则是中国传统文化的统形符号。”[②]化涛认为：“‘权力支配社会’的内涵可以从相互融通的三个层面加以界定，即权力系统、社会结构和观念体系。”[③]

在这一理论的基础上，一些学者开始生发出对于中国古代社会其他领域的新探索。例如，章宁与晁福林则在肯定“王权主义”的同时，利用这一理论对先秦时期的民俗问题加以研究，并进而提出西周春秋到战国时期的民俗观呈现从“谨俗”到“顺上”的演变逻辑，“这一演变的本质是王权主义对民俗观的改造”[④]。王忠春、张分田则从法制史的视角，运用“王权主义”理论分析中国古代“无讼思想”与“王权主义”在社会秩序层面上的关系。[⑤]陈永森则深入剖析了儒家民本思想与王权主义之间的关系，认为：“在中

---

① 李辉：《契合抑或冲突——道家思想与王权主义解析》，《船山学刊》2008年第3期。

② 杨阳：《方法与视野：中国传统文化研究——兼论政教合一与中国传统文化的王权主义本质》，《齐鲁学刊》2000年第2期。

③ 化涛：《权力宰制与社会运行——基于刘泽华先生“王权主义”的思考》，《理论导刊》2012年第3期。

④ 章宁、晁福林：《从“谨俗”到“顺上”——论先秦时期王权主义对民俗观的改造》，《民俗研究》2015年第3期。

⑤ 王忠春、张分田：《无讼思想与王权主义秩序情结》，《江西社会科学》2006年第5期。

国，王权的幽灵之所以久久不肯离去，就在于民本情结在作祟。”[①] 刘义则对王权主义与西方的立宪主义进行了比较研究。[②]

当然，在众多学者肯定刘泽华“王权主义”理论构建的同时，也有一批学者对这一理论持质疑或否定的态度。如陈明认为刘泽华的“王权主义叙事”的实质是“把法家的王权主义强加在儒家头上”[③]。对于批评意见，刘泽华的回应则是：“我讲的王权主义首先是一个事实判断，而不是在评价它的历史作用与历史价值。现在批评我的多把这两个问题搅在一起，好像我就是简单地对王权主义一笔否定。不是这样的。对于王权主义我强调要在矛盾中陈述，我不会简单地全盘肯定，也不会简单地全盘否定。”[④]李春生也指出：“刘泽华先生从来没有也不可能断言王权可以包揽一切，细思其真义，所谓‘支配’应当是‘绝对支配’与‘相对支配’的统一。”[⑤]

---

① 陈永森：《儒家的民本思想与王权主义》，《江西社会科学》2001 年第 8 期。

② 刘义：《王权主义与立宪主义——一个比较的考察》，《福建论坛（人文社会科学版）》2008 年第 3 期。

③ 陈明：《儒学的现实意义与历史作用略说——兼驳刘泽华所谓王权主义叙事》，《学术界》2008 年第 6 期。

④ 王丁、王申：《反思中国传统政治思想要有现实观照意识——刘泽华先生访谈》，《历史教学》2011 年第 2 期。

⑤ 李春生：《“王权主义”视域下的中国政治思想史》，《中国图书评论》2016 年第 2 期。

第一章

长君：联盟主事与躬劳英雄

克明俊德，以亲九族。

九族既睦，平章百姓。

百姓昭明，协和万邦。

黎民于变时雍。

——《尚书·尧典》

中华大地之有国家，通常被认为肇始于夏世，发展于商周，基成于秦汉。但迄今为止，夏仍是一个邈远而不可确凿尽信的“国家”。基于文献和考古研究，商、周二代确应是无可置疑的国家社会。高度发展的文明，完备的文字制度，世袭的君权，旨在对广大地区的居民实行有效统治的中央政府，以及可以维持这种统治的合法的武力、法律与刑狱机构，诸此等等都在昭示着一种具有相当发展程度的国家气象。[①]

① 参见沈长云、张渭莲：《中国古代国家起源与形成研究》，北京：人民出版社，2009年，第61页。

跨过模糊的夏世，来到更加古远的，传说中的五帝时代。这一时期既无明确的时间起止，也无严谨的空间叙事。它更多地存留于后人的追记与想象之中。但考古发掘不断涌现的新成果，帮助我们一方面对传世史料去伪存真，另一方面为曾经被斥为虚邈的传说验证了其具有合理性的部分。从地理与考古情况来看，很多颛顼、尧、舜和夏禹的故事较符合长江中游的环境。[①] 伴随着这些历史传说形象的愈发清晰，针对这些古帝权力与权威形态的学术讨论便也出现了可能。

第一节　前国家时代的社会形态

社会形态是君主权力的土壤，如同橘生淮南为橘，生于淮北则为枳，严格意义上来看，有制度以明确的君主是国家时代的产物。那么在国家形成之前，也就是在夏世以前又是一个怎样的社会面貌呢？我们今天去理解和还原夏代以前的历史，最主要的还是通过《史记·五帝本纪》中所记载的黄帝—颛顼—帝喾—尧—舜这个谱系序次去构建有关君主世代的概念。在言及五帝时代的社会形态之时，因囿于文献全无、考古证据散碎，我们不得不依靠作为他山之石存在的理论成果来进行新的理论推演。

① 郭静云：《夏商周：从神话到史实》，上海：上海古籍出版社，2013 年，摘要第 1 页。

一、国家与前国家时代

通常我们认为五帝时代仍处于原始社会，与“原始社会”相对应的概念则是“国家社会”[①]。若是这样认为，即是传说中的五帝并非真正意义上的“国家君主”，而是前国家时代的具有一定程度政权意味社会组织的具有某种权威的君长。谈及这个问题之前，似乎绕不开的一个问题就是对“国家”这一概念的定义。

“国家”也可称为“国家机器”“国家机构”“政权机构”“公共行为主体”等，是某种特定文化基础之上产生的社会现象。[②]事实上直到今天“国家”这一概念并未形成学术共识。关于近现代国家的定义，西方学者普遍认同马克斯·韦伯的描述，即在一个给定范围领土内（成功地）垄断了武力合法使用权的人类共同体。[③]然而我们今天视为理所当然的近现代国家绝非一日而成，其组织形态在漫长的历史演进中始终经历着变革。如果简单地按照时代来划分，可以分为“现代国家”和“古代国家”。我国学者易建平在韦伯理论基础上加入了历史观察，修正丰富后再分为早期国家阶段—成熟国家阶段—完备国家阶段：

---

① 日常用语中的“国家”其实具有双重含义，有时指政府机构或权力机器，有时却又指归这种政府或权力所支配的整个社会体系。所以我们以下所言之“国家社会”为人口、领土（或势力范围）及二者范围内存在的政治组织的总和。

② 易建平：《关于国家定义的重新认识》，《历史研究》2014 年第 2 期。

③ 转引自易建平：《关于国家定义的重新认识》，《历史研究》2014 年第 2 期。

一、早期国家。最高的领导者，与名义上实质上其下的部分领导者，都实质性地独立掌握了一部分“武力合法使用权”。处理涉及全社会主要公共事务的以“武力合法使用权”为支撑的权力，主要掌握在最高的领导者手中。这个时期，仍旧会出现其他的组织甚至个人，在这一领导者之外，独立处理涉及全社会主要公共事务的情况。国家与社会对此非但并无明确禁制，很多材料表明，有的时候甚至对此进行鼓励。在涉及小团体（指小于全社会的那些或大或小的团体）内部公共事务时，主要由小团体内部的领导者负责处理。在涉及小团体内部成员时，全社会最高的领导者之外，小团体内部的领导者，甚至于其他的组织以至于个人，仍旧掌握有刑事处罚权。国家与社会对此视为当然。

二、成熟国家。最高的领导者，与名义上实质上其下的部分领导者，都实质性地独立掌握了一部分“武力合法使用权”。处理涉及全社会公共事务的以“武力合法使用权”为支撑的权力，垄断在最高的领导者手中。但是，在涉及小团体（指小于全社会的那些或大或小的团体）内部公共事务时，主要由小团体内部的领导者负责处理。在涉及小团体内部成员时，全社会最高的领导者之外，小团体内部的领导者，甚至于其他的组织以至于个人，仍旧掌握有刑事处罚权。但是，对小团体内部领导者以及其他的组织与个人在这方面的权力，最高的领导者逐步进行了限制。

三、完备国家。最高的领导者“垄断了武力合法使用权”。其他的组织与个人，如果要合法地使用武力，必须得到该领导者授权。[①]

基于诸多学者对“国家”定义的争论。那么另一种折中策略就是概括“国家”所具备的必然条件。在现代政治学理论中的“国家社会”包含着三个基本要素，即领土、人民和政府。这与2300年前孟子所言“诸侯之宝三：土地、人民、政事”[②]颇为异曲同工。英国学者安东尼·吉登斯，基于韦伯的“国家”理论，将之概括为三个“国家”必要的条件：（1）存在固定的行政官员；（2）他们能坚持合法地垄断暴力工具这一要求；（3）他们能在既定的地域内维持这种垄断。[③]我国沈长云、张渭莲两位先生则提出国家应具备的五个要素，即较大量的人口、领土、主权、政治组织和相关法律制度。[④]

结合上述观点，再来讨论什么是国家社会。第一个方面：如果简单地认为，传世文献中出现的“国”“邦”字样就是指代“国家”，那么传说中黄帝时代即已“置左右大监，监于万国”。唐尧时就有“百姓昭明，协和万邦”。但实际上，在西周之前的邦、国都还处于血缘亲属组织的阶段，社会组织的根本认同感来自血缘，而非“既定的地域”，并且在文献中经常也以某某氏来指称邦、国。

---

① 易建平：《关于国家定义的重新认识》，《历史研究》2014年第2期。

② 《孟子·尽心下》。

③ 参见［英］安东尼·吉登斯：《民族—国家与暴力》，胡宗泽、赵力涛译，北京：生活·读书·新知三联书店，1998年，第19页。

④ 参见沈长云、张渭莲：《中国古代国家起源与形成研究》，北京：人民出版社，2009年，第46–47页。

这样的血缘亲属团体的内部权力尚呈现父权家长制形态，空间上还处于简单的村邑聚落形态，社会思想上也没有出现“法”的概念，当然就更谈不上什么“合法”以及“合法性武力使用权”。第二个方面是社会出现了阶级与阶层分化就意味着进入了国家形态。因为无论是韦伯还是易建平对“国家”的定义，我们都可以看到国家与社会在某种意义上处于二分对立格局。恩格斯①和摩尔根②也认为“国家”是一种从社会中产生但又居于社会之上，并且日益同社会脱离的力量。这种国家力量之所以能够脱离社会并形成凌驾之势，是因由其在不同经济利益群体相互对立和冲突之间维持“秩序”的需要，所以国家又是具有阶级属性的事物，即国家机器是社会上占统治地位的阶级的镇压工具，③但如果将阶级一出现就认作进入了国家社会也并不妥当。参考列宁的说法，只有当阶级之间的对立进一步发展，到了“阶级矛盾客观上达到不能调和

---

① 恩格斯认为：“国家是表示：这个社会陷入了不可解决的自我矛盾，分裂为不可调和的对立面而又无力摆脱这些对立面。而为了使这些对立面，这些经济利益互相冲突的阶级，不致在无谓的斗争中把自己和社会消灭，就需要有一种表面上驾于社会之上的力量，这种力量应当缓和冲突，把冲突保持在‘秩序’的范围以内；这种从社会中产生但又自居于社会之上并且日益同社会脱离的力量，就是国家。”参见［德］恩格斯：《家庭、私有制和国家的起源》，中共中央马克思恩格斯列宁斯大林著作编译局编译，北京：人民出版社，1999年，第177页。

② ［美］路易斯·亨利·摩尔根：《古代社会（上册）》，杨东莼、马雍、马巨译，北京：商务印书馆，1981年，第256–275、322–340页。

③ 沈长云、张渭莲：《中国古代国家起源与形成研究》，北京：人民出版社，2009年，第46–47页。

的地方、时候和程度，才能产生国家”[①]。恩格斯等人对阶级和国家的讨论有着较大的影响，后来的弗雷德又提出了著名的社会分层理论，他认为阶级的产生过程实质上是从“平等”到“身份”的过程，这一过程经历了“平等社会—阶等社会—分层社会—国家”[②]这样四个阶段，国家的出现实质是为了维护社会既有的分层，这是一种超越血缘关系之上的社会力量建立的复杂机构。[③]我国学者谢维扬也认为控制阶级对立的需要是刺激国家产生的重要因素。[④]第三个方面是将强制性权力的出现作为进入国家阶段的标志。塞维斯认为：“在酋邦社会中只有非强制性质的‘权威’，而无强制性质的‘权力’；后者是国家社会的产物。”[⑤]强制性权力可以认为是有惩罚措施作为行使保障的权力，因由这种强制力为保障，国家在进行镇压阶级冲突、调节利益矛盾时才能够发挥功效，但这种权力必须受一人、少数人所组成的组织或少数人所构成的阶级垄断才可以成立，且这种权力必须辅以相对客观的依据，也就是各种形式的“法”。

结合上述观点，本书认为国家出现的标志应至少同时具有

---

① 转引自沈长云、张渭莲：《中国古代国家起源与形成研究》，北京：人民出版社，2009年，第95页。

② 转引自王震中：《中国文明起源的比较研究（增订本）》，北京：中国社会科学出版社，2013年，第273页。

③ 转引自王震中：《中国古代国家的起源与王权的形成》，北京：中国社会科学出版社，2013年，第7页。

④ 谢维扬：《中国早期国家》，杭州：浙江人民出版社，1995年，第61页。

⑤ 转引自易建平：《关于国家定义的重新认识》，《历史研究》2014年第2期。

两个表现：（1）社会阶级（或阶层）出现并上升为一种普遍社会现象，各阶级之间存在以经济获利多寡为主要区别方式的隔阂；（2）基于经济获利多寡造成的社会分层，出现了以社会资源分配为职能的权力形式及维护这种权力的现实暴力手段和思想权威。再回归到我们所要论述的五帝时代，就传世文献所还原出的这一时期的社会面貌而言，我们看到的是未脱离生产，还在“艺五种”[①]的黄帝；携妻捕鱼躬耕的舜帝；为治水三过家门不入的大禹。这里无论“帝”还是“伯”都显然并不具有以上两点条件。五帝时代虽为传说，但传说及其想象也仍是基于一种前国家社会的形态所开展的。

二、前国家时代社会形态的理论可能

五帝时代处于国家形成的前阶段，围绕中国早期国家形成则有两大主要观点。一种观点认为，中国早期国家由氏族社会过渡而来。由氏族过渡到国家，这一论点原是美国人类学家摩尔根在其著作《古代社会》[②]中提出的，后来恩格斯在其著作《家庭、私有制和国家的起源》中借鉴了《古代社会》的很多观点。也因恩格斯的这部著作，国家形成的氏族模式逐渐为国内学者所接受和认可。该观点认为国家是经过“氏族—部落—部落联盟”三个阶段最

① 《史记》卷1《五帝本纪》，第4页。

② ［美］路易斯·亨利·摩尔根：《古代社会（上册）》，杨东莼、马雍、马巨译，北京：商务印书馆，1981年。

后形成的。若据此理论，在夏代国家形成之前的五帝时代社会形态就应属于部落联盟的阶段。部落联盟的最高权力单位是联盟会议，组成部落联盟的成员都是有血缘关系的，且各部落之间相互独立，并在联盟会议中拥有平等地位。联盟会议在行使权能之时采取全体一致通过的原则，联盟中由于各部落是相互独立平等的，所以也就不存在名义或实际上的最高首领。最高决策都是由各部落酋长集体决议、集体负责。

另一种观点认为，国家由酋邦形态演进而来，即酋邦模式（chiefdom）。该观点最初是埃尔曼·塞维斯（Elman Service）于1962年在其著作《原始社会组织》一书中提出，经由美籍华裔考古学家张光直在其著作《中国青铜时代》[①] 中引用阐述，从而在20世纪80年代开始逐渐引起国内学者的重视。塞维斯依据社会组织形态把社会发展划分为“游团（band）—部落（tribe）—酋邦（chiefdom）—国家（state）”这四个发展阶段。张光直先生据此理论，结合中国的考古学文化阶段进行对应对比，其观点大致如表1–1。

表1–1　中国考古学文化阶段与塞维斯社会阶段理论对照

<table>
<tr><th>考古学文化阶段</th><th>塞维斯社会演进的四阶段理论</th></tr>
<tr><td>旧石器时代</td><td rowspan="2">游团（band）</td></tr>
<tr><td>中石器时代</td></tr>
<tr><td>仰韶文化</td><td>部落（tribe）</td></tr>
</table>

① 参见张光直:《中国青铜时代》，北京：生活·读书·新知三联书店，1983年，第50–51页。

（续表）

<table>
<tr><th>考古学文化阶段</th><th>塞维斯社会演进的四阶段理论</th></tr>
<tr><td>龙山文化</td><td>酋邦（chiefdom）</td></tr>
<tr><td>夏、商、西周、春秋</td><td rowspan="2">国家（state）</td></tr>
<tr><td>战国、秦、汉</td></tr>
</table>

由表 1–1 可见，张光直将塞维斯的社会演进阶段理论与中国的国家起源与发展阶段进行了一一的对应，他认为五帝时代的社会应是处于塞维斯所谓的“酋邦”形态之下。酋邦社会是一种明确存在阶层的社会，是平等的游团和部落社会的发展型。在部落社会中，部落酋长仅仅是具有广泛影响力的一位精神权威，而并非拥有强制性权力的单位，但在酋邦社会中，酋邦首领利用已深入当时人们观念中的阶层意识来强调其权威的存在。“大体上说，酋邦是家庭式的，但是不平等；它没有政府，但是拥有权威与集中的管理；它没有资源上的私有财产，没有经营性质的市场贸易，但是在对物品与生产的掌控方面却是不平等的；它有阶等区分，但是没有明显的社会经济阶段，或者政治阶级。”①

将酋邦模式与氏族模式相比，酋邦社会拥有更为明显的中央集权权力，亦即社会最高权力在一定形势下被占据社会特殊地位的个人掌握。酋邦首领的权力相比于典型的部落首领也要大得多。酋邦首领可以在众多酋邦组成的共同体中分配土地，在成员中征调兵役，还可以控制社会声誉产品和物资与人力资源，掌握着人

① 易建平：《部落联盟与酋邦——民主 · 专制 · 国家：起源问题比较研究》，北京：社会科学文献出版社，2004 年，第 207 页。

民生杀予夺之权，更重要的是，酋邦首领的权力不受部落成员的制约。总之，酋邦社会的权力结构同国家已十分相像，只是还不如国家权力那样正规罢了。[1]

三、五帝时代的社会组织形态

西周以前，五帝时代的故事主要依靠口耳相传。西周金文及其以前的甲骨文献中都没有发现任何有关五帝的记叙，最为古早的文字记叙出现于《尚书》中，此外《山海经》《古本竹书纪年》《左传》等书有零散记载，诸子之书和语类文献也存在不少的相关信息。关于五帝时代社会形态，《尚书·尧典》中有说到，在帝尧之时“克明俊德，以亲九族。九族既睦，平章百姓。百姓昭明，协和万邦”。这里的九族、百姓、万邦似乎呈现为一个渐进的、累叠的社会组织层级，但是这里的族、姓、邦至早也是周代之人的措辞，并不能完全对应五帝时代的情况。据此的一种相对合理的对应关系大致应是：“邦”对应氏族，“姓”对应部落，“族”对应的则是部落联合体。

1.“邦”为氏族组织

以血缘为最根本情感联结纽带的社会组织原则直到战国时代都没有彻底解体，所以在五帝时代，社会的基本组织是以血缘原则

---

① 谢维扬：《中国早期国家》，杭州：浙江人民出版社，1995年，第73页。

而形成的这一点应是确凿的。当时最基本的社会组织是血缘氏族，也是当时最小的存在权力的组织单位，其内部存在着的是父权家长式的权威。实际上在旧石器时代中后期开始，原始人群就开始有了血缘氏族这种较为稳固的组织形态。氏族是众多具有直系血缘关系的人聚合而成的。氏族成员起初是简单地因共同的血缘情感联系在一起，氏族成员集体共享生活资料，人人处于平等状态，但在五帝时代的氏族组织内部已经出现财富私有和社会分层。其中的一个表现就是氏族内萌生出了家族，而且慢慢地成为氏族内部很有影响力的一个层次。基于对新石器晚期墓葬的考古学观察，属于仰韶文化半坡类型的陕西华阴横阵遗址的墓葬就出现了家族合葬的情况，同一家族葬入同一墓坑，每墓坑有十余人，显示当时的家族已经处在比较稳固的状态。而陕西华县元君庙的仰韶墓地与横阵相似，57 处墓葬少则 2 人，多则 25 人，推测也属不同家族的合葬坑。在南方地区其他新石器时代文化也呈现相似情况。说明那时家族已经在氏族内部兴起。[①] 此外关于氏族内部存在社会分层的推论也有考古学的佐证。在处于龙山时代的陶寺遗址[②] 的考古发掘中就有发现规模呈大、中、小不一的墓葬。在 1978—1982 年陆续发现的 700 多座墓葬中，大型墓葬占比为 1.3%，墓主人全

---

① 晁福林：《夏商西周的社会变迁》，北京：中国人民大学出版社，2010 年，第 182 页。

② 新石器晚期的龙山时代大致与传说中的五帝时代吻合。通过对襄汾陶寺墓地出土木炭的放射性碳素检测，其年代大约是公元前 3795—前 3710。参见中国社会科学院考古研究所实验室：《放射性碳素测定年代报告（一〇）》，《考古》1983 年第 7 期。

部为男性。分析推测这些拥有木椁葬具，精美陶器、石器、玉器作为随葬的大型墓葬属于氏族族长；占比 11.4% 的中型墓地应属于地位次于族长的成员，墓主人则有男有女；占比约 87.1% 的相对简陋的小墓则为氏族中身份较低者。[①] 氏族作为基本的社会组织结合了父权家长式权力权威，如此形成的政治实体可以视为一个小小的族邦。

2. “姓”为部落组织

要理解所谓的“姓”，我们首先要知道伴随着氏族的发展，会出现因人口过多而导致生活资源或婚配对象短缺的情况，这时就会分化出一部分人口，外迁他地而形成新的氏族和新的聚落。如此一来，这些众多具有亲缘关系的氏族再一次聚合，就能形成一个氏族共同体，这个共同体也可以称之为“部落”。结合文献的记载，史载“黄帝二十五子，其得姓者十四人”[②]。所谓“得姓”就是分化出来的子系氏族以本族图腾、先祖名称、居地、职官等取为新族名。譬如轩辕氏在仅仅几代之后就分化出了青阳、高阳、高辛等众多支裔，显示氏族是在以极快的速度分化。子系氏族自母氏族分化出来后，往往会外迁到其他地区。这种外迁在文献中谓以“分封”，但实际上当时应该还不存在分封行为。在当时那种人地矛盾极小，且父权家长权威自有永有的时代，以更高权威恩赏的性质授予新氏族土地和族长权威似乎并不具有必要性，所以，

① 谢维扬：《中国早期国家》，杭州：浙江人民出版社，1995 年，第 306 页。

② 《史记》卷 1《五帝本纪》，第 11 页。

所谓的“分封”当实以“赐姓”行为更有合理性。“姓”是出生于同一远祖的血缘集团的名称，所以从这个意义出发，所谓的“部落”也可称为“姓族”。《说文》所言：“姓，人之所生也，因生以为姓。”而“氏”则是姓的分支，所谓“赐姓”也就是对从母氏族分化出来的新氏族命之以名称，将其原本的支系地位截停，重新定义其源流地位，从而成为拥有独立血缘谱系的新族。赐姓的行为主体常见氏族自我命名，也有部落酋长赐称的情况。例如夏、商、周三族，其族皆源出轩辕氏，后受封赐姓而立：

> 禹为姒姓，其后分封，用国为姓。（《史记·夏本纪》）
> 帝舜乃命契……封于商，赐姓子氏。（《史记·殷本纪》）
> 帝舜……封弃于邰，号曰后稷，别姓姬氏。（《史记·周本纪》）

文献记载中，分化另立的氏族或族长都是有较大功绩和高尚品德的。史载上帝嘉赏辅佐大禹治水有功的姜姓后代：“赐姓曰姜，氏曰有吕”，“唯有嘉功，以命姓受祀，迄于天下”[①]。清人梁玉绳也认为“三代以前，必著功德，然后赐姓命氏，故人不皆有姓”。这种以功德高低为标准的赐姓立族原则有一定的事实合理性，功德高尚之族长往往有能力领导族人筚路蓝缕，立氏建邑；另一方面其能力道德，也是族人跟随其后的信心保证。氏族分化与再联合形成了氏族共同体——部落（姓族），于是就必然会出现以实现跨

① 《国语·周语下》。

氏族、跨聚落[①]管理为目的的部落统治机构。其实在早于龙山时代的大汶口文化遗址中，就有发现中心聚落与周边聚落呈现贫富差异的情况，分析认为当时就出现了以居住于中心聚落的氏族为首的跨聚落、跨氏族式的统治权威。[②]

3.“族”为超部落组织

血缘人口聚居形成了氏族，氏族聚合形成了部落，那么众多具有相近血缘或相近文化的部落聚合则会进一步形成一种超部落而存在的社会组织和权力单位。本书对这一事物提出“部落联合体”的概念，意在与摩尔根理论中的“部落联盟”概念相区别。摩尔根认为，国家是直接由部落联盟发展而来的。由于他所选取的研究对象是北美的易洛魁部落联盟，所以他所定义的部落联盟中有常设的议会，各部落首领在议会中都处于平等地位，其议事原则强调的是全体一致通过，也就是说在实际上联盟没有最高首领。这种“部落联盟”形态显然与传说中的五帝时代情况并不太一样。而所谓“联合体”则代表该体系存在一个受组合成员广泛认可的最高掌权者或者权力机构。

徐旭生在《我国古代部族三集团考》[③]中认为，在五帝时代存

---

① 相当于五帝时代的龙山文化中，已经出现了夯土或者石包的城堡及城墙。如寿光边线王遗址、登封王城岗、凉城老虎山等。

② 参见严文明：《中国新石器时代聚落形态的考察》，载《庆祝苏秉琦考古五十五年论文集》，北京：文物出版社，1989 年，第 32 页。

③ 徐旭生：《我国古代部族三集团考》，载《中国古史的传说时代》，桂林：广西师范大学出版社，2003 年，第 42–147 页。

在着华夏、东夷、苗蛮三个部族集团。此三族之间应是具有某种程度的血缘或者文化区别，所以在文献中有表现出这三个集团间既有合作，也存在一定的对抗。[①] 例如华夏族的炎、黄二帝就曾率领部众与东夷族的蚩尤爆发惨烈的战争。帝尧时流放了苗蛮族的驩兜部落与三苗部落，帝舜时流放了东夷族的少皞部落。而东夷族的皋陶也有将苗蛮族视为罪族的言论。[②] 这些战争与流放虽然在文献记叙中被附会成古帝向罪人致罚，但实际上更可能的理由则是政治、军事斗争失败的下场。

根据这样的历史文献记载，我们可以理解为在当时的已知世界中，至少存在着华夏、东夷、苗蛮三个部族，但这个所谓的“族”仅仅是一个血缘或文化上的概念，并没有形成所谓的华夏族政权、东夷族政权、苗蛮族政权，而是三族联合在一起，形成了包容其族属的众多部落的一种部落联合体，并在这样一个联合体之中形成了一种跨部落的高级的权力机构。

基于这样的认识，再回来审视《尚书》中所记载的“九族”。同比《今文尚书》所出现的“族”则非常少，一共只有五处。其中两处乃曰帝尧亲和“九族”，除此以外还有《尧典》中的“帝曰：‘吁！咈哉，方命圮族’”。其中的“方”释“放”，即放任、听任。这里是指如果任用华夏族有崇部落的鲧来负责治水，他将会缺乏自我约束，滥权误事，从而祸害我“族”。这里的“我族”至少是

---

① 例如东夷族的皋陶曾被帝舜任命为“士”，负责断狱理民。

② 《皋陶谟》曰：“能哲而惠，何忧乎驩兜？何迁乎有苗？”

包括了帝尧和鲧所属的华夏部族。而在《皋陶谟》中有“皋陶曰：‘都！慎厥身，修思永。惇叙九族，庶明励翼，迩可远在兹。’”这里东夷族的皋陶也用词“九族”，说明所谓的“九族”是包括东夷族在内的。那么这里的“族”大抵意即类似于华夏、东夷、苗蛮这般的部族。单一的“族”其本身就是一种部落联合形态的社会组织，而“九族”所意味的众多部族则是进一步联合所形成的更庞大的部落联合体。

通过以上对邦、姓、族的现实存在进行的一一对应，可以大致了解传说中的五帝历史在其对应的真实的历史年代下所指代的社会层级与组织形态。五帝时代，社会大概分为四个权力层级。首先最低一级，也是最基本的社会组织即氏族，氏族之中存在着具有统治权威的家族，这种统治家族表现的是父权家长式的政治权威。在该氏族的一邑之内，所呈现的这种政治单位是为一个族邦；高于族邦的一层政治组织是部落，也可称“姓族”，部落是多个氏族的人口及其聚落村邑所聚合形成的一个人口和空间概念。在部落之内的某一氏族的某一家族的父权家长是为部落酋长，他执掌着包括本家族、本氏族、本部落在内的三个层级的政治管理事务；高于部落的一层社会组织则是部族，部族仅仅是一个文化和精神概念，这一层社会组织在五帝时代并未表现出具有明确的政治单位的意义。虽然在一些历史事件中，同一部族的诸多部落能够相比于外部族更加紧密地团结在一起，但并不能证明这一层组织中存在权力权威机构；当时社会最高的权力机构就是由多个部族的众多部落酋长联合而形成的部落联合体会议，这个权力机构具有对联合体内的人力、物力等社会资源进行管理、调配的权能，而且该会议存在一位最高领袖。这位最高领袖已经具有一定强制性权能，可以针对外敌内寇进行斥责、流放甚至杀戮。文献记载的“五帝”就是五位这样的联合体最高领袖（也可能是指五个在联合体内具有主导地位的部落）。至此，虽然没有直接的、十足充分的证据，但依靠理论推定，还是可以认为在那个分布着九族、百姓和万邦的五帝时代，呈现的是一个具有“酋邦”诸特点的社会面貌。

第二节　英雄领袖与长君型君主

恩格斯在《家族、私有制和国家的起源》中将史前文化划分为蒙昧时代与野蛮时代，其中在谈到野蛮时代的高级阶段时说道：“一切文化民族都在这个时期经历了自己的英雄时代：铁剑时代。但同时，也是铁犁和铁斧的时代。”[①]所谓“英雄时代”原称古希腊历史中的一段时期（也称为“荷马时代”或“王政时代”）。我们这里借此名称，用来描述华夏大地上的五帝时代。显然恩格斯所称的英雄时代进入了较为成熟的铁器时期，本章所讨论的五帝时代大致处于考古学所框界出的龙山文化时期，这一时期还处于早

① ［德］恩格斯：《家庭、私有制和国家的起源》，中共中央马克思恩格斯列宁斯大林著作编译局编译，北京：人民出版社，1999 年，第 169 页。

期铜器时代，但却仍然可以用“英雄”来形容这一时期部落联合体的领袖形象。

一、长君的权力表达

在明确了五帝时代的基本社会组织形态之后，我们再来观察这一时代的政治形态。五帝时代最高级的社会组织是一种由多个部族所聚合形成的部落联合体，联合体内部社会出现了社会分层现象，也就是出现了经济和政治权威方面的差异化。这一点依靠考古证据已然获得了证实。在这种不甚平等的社会中，必然也就出现对人力、物力等社会资源拥有管理、调配权能的管理机构或管理者。结合五帝的传说，那么在国家文明尚未开启之时，黄帝、颛顼、帝喾、唐尧、虞舜五帝先后成为这种部落联合体的最高管理者。本书在此将五帝时代这种部落联合体的最高领袖的权力形态命名为“长君”型君权。

“长君”所谓之“长”在先秦文献中有崇宠、依任之意。《尚书·牧誓》有曰：“乃惟四方之多罪逋逃，是崇是长，是信是使。”这里的“长”意为进官举用。再如《盘庚上》“有各长于厥居，勉出乃力，听予一人之作猷”；《立政》“式敬尔由狱，以长我王国”。这两例中的“长”是为动词，意为管治、统理。在《尚书·康诰》中有“亦惟君惟长，不能厥家人，越厥小臣、外正”。这里的“长”又为名词，是与“君”并举存在用以称呼有政治管理权能的人。而本书作名“长君”更直接的来源是《吕氏春秋·荡兵》中的一段叙述：

> 未有蚩尤之时，民固剥林木以战矣，胜者为长。长则犹不足治之，故立君。君又不足以治之，故立天子。天子之立也出于君，君之立也出于长，长之立也出于争。

以上叙述代表了一种存在于战国晚期的历史认识，认为伴随着社会发展，政权机器在整合社会力量、支配社会秩序之时会出现“不足治之”的情况。也就是说无论是部落联合体也好，还是后来的国家也罢，这种以管控社会资源为职能的权力机构虽然会呈现出滞后于社会发展的情况，但仍然是随着社会发展而进化的。在这样一种社会演进观之下，“长”就是当时所认为的最为原始的权力拥有者。

长君的存在土壤是一种具有“酋邦”部分特点的部落联合体。根据上文所论述的部落联合体的权力和组织层级，我们可以知道，长君所具有的权力也相应地具有四个层级，从低到高分别为第一级家族长、第二级氏族族长、第三级部落酋长、第四级部落联合体长君。所以长君权力的一个特质就是具有跨部落、跨部族的管理权能。

宋镇豪在其著作《夏商社会生活史》中按照夏代初年的生产力水平推测，夏初总人口大概在 240 万到 270 万人。[①] 这样的人

① 宋镇豪：《夏商社会生活史》，北京：中国社会科学出版社，1994 年，第 100–107 页。

口规模即使真的如《尧典》所曰天下“万邦”，那么一个氏族族邦平均人口就为 240 到 270 人，如是则与现实容量相差不多。这样看来，“万邦”未必就是个非常离谱的虚数。若想对如此庞大的族邦、部落、部族进行中央集权式的管理，显然是不可能实现的。所以部落联合体长君的权力更多地表现在对关乎整个联合体的重大事件进行协调处置，对联合体内部的政治秩序进行有限的干预。联合体内部具有一个由多部落代表（也就是酋长）组成的议事会机构，是长君权力在政治运行中的制衡力量。如放齐、驩兜、四岳等，这些人物可以被认作部落势力，他们的意见对长君决策而言是具有一定影响的，而长君对议事会成员的提议也有权否决，或自己单独举议。例如帝尧在讨论继任者之时，议事会推举尧子丹朱，而帝尧以其子顽劣争讼为由否决了，同时还否决了驩兜所提议的共工。反之，在商议是否派遣崇伯鲧去治理洪水时，尧虽不悦，但最后还是同意了议事会对鲧的举荐。此外长君对联合体政事的日常管理依靠有各种官职，例如舜登位长君之后一次性任命了 22 位官员，任命禹负责平治水土，命弃掌管农事，命契掌管民政和教化，命皋陶掌管刑律，诸此等等。不过以今天的眼光来看，这些“官员”并非一方事务的负责人，而是具体业务的办事员。

长君的权力得以表达、职能得以施行，必须依靠一定的强制力为保障。仍以帝舜任命官员来看，22 人（部落）中，除皋陶来自东夷，其他的人都来自华夏部族，所以长君的权力行使很可能是建立在部族强势的基础上的，在获得了来自华夏众多部落的鼎力支持的前提下，才维护住了联合体的政治秩序，而对敢于打破统治秩序的人（部落），则会给予严厉制裁。《史记·五帝本纪》记载："天下有不顺者，黄帝从而征之。"[①] 黄帝接连与蚩尤、炎帝、太昊、少昊等部落爆发战争；颛顼与共工"争为帝"。这都可以认为是维护统治的"伐罪"战争。另一方面这些"伐罪"行为也体现了联合体内部诸部落是存在着不平等的。举例有帝尧流放共工、驩兜、三苗部落；以治水不利而将鲧流放至死；帝舜时将帝鸿氏的混沌、穷奇、梼杌、饕餮四个"凶族"流放；夏禹致群神于会稽山，防风氏因后至而被禹杀而戮之。从地理与考古的情况来看，一种合理的推测是颛顼、尧、舜、禹的传说原型更像是在长江中下游的环境中发生的，因为长江中游的先楚地区至下游的先吴地区，拥有在当时勘测技术下储量最为丰富、挖掘最为便捷的金属矿床。资源优势带来经济优势与技术优势，有利于从吴楚之地逐渐发展起来的部族沿着汉水一步步向空间更为开阔的中原地区扩展。[②]

最后一个方面我们来看长君作为部落联合体最高君主的阶层属性。"酋邦"社会虽然呈现不平等，但阶层属性并没有非常明显，酋邦社会也不存在不可调和的阶级矛盾。这一理论在五帝时代是成立的。文献记载中的长君虽然身居大位，而且考古证明当时也存在着财富差异，但他们与普通的族众相比在生活上或许并无明

① 《史记》卷 1《五帝本纪》，第 4 页。

② 郭静云：《夏商周：从神话到史实》，上海：上海古籍出版社，2014 年，摘要 1–3 页。

显的优越感：

尧有天下。饭于土簋，饮于土铏。(《韩非子·十过》)

尧之王天下也，茅茨不翦，采椽不斫，粝粢之食，藜藿之羹；冬日麑裘，夏日葛衣。(《韩非子·五蠹》)

古者舜耕历山，陶河滨，渔雷泽。(《墨子·尚贤中》)

（舜）耕、稼、陶、渔以至为帝，无非取于人者。(《孟子·公孙丑上》)

禹亲自操橐耜而九杂天下之川，腓无胈，胫无毛，沐甚雨，栉疾风，置万国。(《庄子·天下》)

禹之王天下也，身执耒锸以为民先，股无胈，胫不生毛，虽臣虏之劳，不苦于此矣。(《韩非子·五蠹》)

《管子·君臣下》则记载人类最初没有“君臣上下之别”，而只有“以力相争”的野蛮自由。也许正是这种还未完全脱离生产的权力形态，才留下了这最后的英雄主义土壤。

二、长君的权位与权威来源

五帝时代，天下存在着九族、百姓、万邦。这里又提出两个问题，长君的权位是如何传继的？而它的权威又从何而来？前文已述五帝时代的社会权力形态总体来看具有“酋邦”的一些特点，但在塞维斯的“酋邦”理论中认为，酋邦首领的权力不受成员的制约，人们相信他的权力是神灵赐给的。[①] 所谓“神灵赐给”其实就是一种权位来源的解释。其作用就是证明其权力的合理合法性，从而在现实的权力之外再构建一个精神层面的权威形象。权威是权力的隐形效力，对于每一个夺取到权位的政权或个人都会在第一时间就开展政治权威形象的构建工作。由此一位君主也往往会拥有双重的形象，一个是作为世俗领域的统治者，是为权力形象，被称为后、王、帝等；另一个身份是精神领域的，在此姑且称为权威形象。塞维斯的“神灵赐给”论无疑是指利用人民对所谓神灵等超社会力量的无知和畏惧，利用神秘主义将酋邦领袖的身份和权力神化，以此达到构建权威形象的目的。然而五帝时代的长君并不完全符合这一特点，相比于神授权威，五帝时代的长君更多是依靠自身素质和能力来塑造一种“英雄”的权威形象。

前文引用的一段《吕氏春秋·荡兵》的记载：“未有蚩尤之时，民固剥林木以战矣，胜者为长。长则犹不足治之，故立君。君又不足以治之，故立天子。”长之为长，依靠的是能率众力战，能胜出于争的超群素质。这在一定程度上契合了恩格斯所认为的英雄时代那由“铁剑”与“铁犁”所书写的充满战争和生产功绩的英雄诗卷。所以我们可以再赋予“英雄时代”以另一个内涵，即尚未形成制度性权位继承和用以维护权位的法律秩序，很大程度上需要依赖个人在战争、生产中所表现出来的素质和能力来赢取相应权威的时代，但是这种以显赫功绩而脱颖于众人的“英雄”并非人人

① 谢维扬：《中国早期国家》，杭州：浙江人民出版社，1995 年，第 73 页。

都可胜任，即使是有能力、有潜力成为“英雄”的人，若想最终登位长君还有着两个前提：

1. 联合体长君权位垄断于强势部族

首先根据传说所还原的历史体系，部落联合体中至少存在着华夏、东夷、苗蛮三个部族，或者说是三个部落集团，然而这三个部族之间并非始终处于睦邻友好、永安和平的局面。在《五帝本纪》所载之开端，即有华夏族黄帝与东夷族蚩尤大战的记载：“而蚩尤最为暴，莫能伐……于是黄帝乃征师诸侯，与蚩尤战于涿鹿，遂擒杀蚩尤。”[①]这场战争在《逸周书·尝麦》中也有记载：“蚩尤乃逐帝，争于涿鹿之河，九隅无遗。赤帝大慑，乃说于黄帝，执蚩尤，杀之于中冀，以甲兵释怒。”《荀子·议兵》记载了尧、舜时代分别对苗蛮部族的驩兜及有苗施行讨伐：“尧伐驩兜，舜伐有苗。”直到大禹之时，华夏部族都有对苗蛮进行军事征讨的记载。[②]这些留至今日的记载都是在叙述华夏部族取得了部族战争的局部或全面胜利[③]，而根据《史记·五帝本纪》的记载，自炎、黄之世，联合体的长君权位也就一直垄断于华夏部族之手。所以我们甚至

① 《史记》卷1《五帝本纪》，第4页。

② 《墨子·兼爱下》引《禹誓》曰：“济济有众，咸听朕言，非惟小子，敢行称乱，蠢兹有苗，用天之罚，若予既率尔群对诸群，以征有苗。”《非攻下》亦载：“昔者三苗大乱，天命殛之，日妖宵出，雨血三朝，龙生于庙，犬哭乎市，夏冰，地坼及泉，五谷变化，民乃大振。高阳乃命玄宫，禹亲把天之瑞令，以征有苗。”

③ 此处并非意指华夏族对其他部族的战争一直保持全胜，传世文献的记载不排除存在一种“幸存者偏差”。

可以认为长君权位的本质之一就是强势部族用以彰显胜利者姿态，并且对其他部族进行管理，甚至是压迫的一个权力机器。

2. 长君权位产生于部族内部的强势部落

对于长君权位的争夺并非局限于部族之间，垄断了权位的部族之内也仍然存在着部落间的争夺。《史记·五帝本纪》的记载是以神农氏衰为之始，当是时：

诸侯相侵伐，暴虐百姓，而神农氏弗能征讨。于是轩辕乃习用干戈，以征不享，诸侯咸来宾从。

…………

于是黄帝乃征师诸侯，与蚩尤战于涿鹿，遂擒杀蚩尤。诸侯咸尊轩辕为天子，代神农氏，是为黄帝。①

这两段记载以较符合历史实际方式解读就是部落联合体由炎帝部落的神农氏主导转移至黄帝部落的轩辕氏主导，黄帝部落依靠在战争中胜出而夺得了联合体内的主导权，所谓“诸侯咸尊”则代表了其他部落因武力而屈服。此外，在那个时代，人名、族名、地名往往合为一称，氏族族长名与族名相混同，如徐旭生所言：

顶重要需要声明一事，就是在当时社会的单位是氏族，而氏

① 《史记》卷1《五帝本纪》，第4页。

族的名字与个人的名字常相混淆，无法分辨，因为在氏族中常常有一个神通广大、半人半神的人物作它的代表，他不惟活着的时候可以代表，就是死了以后，经过若干时期还可以代表，名字开始或者属于个人，如果他这个人能力很大，特别煊赫，他死以后就很可能成为氏族的名字。[①]

如此一来，帝颛顼、帝喾、帝挚、帝尧、帝舜等先后继任联合体的长君，就可以理解成长君权位先后转移至高阳氏、高辛氏、青阳氏、陶唐氏、有虞氏等部落的手中。而且传说中五帝在位的时间都很长，比如黄帝传说在位上百年之多，颛顼、帝喾、帝尧也都有近百年的在位时长，这显然是不合实际的。所以更合理的猜测就是这个所谓的在位年数不是指一个人的在位年长，而是一个部落多代酋长所占据联合体长君权位的总时长。就传世文献可见，较早发生的部落大战就有炎、黄二帝之间的阪泉大战，这场大战以黄帝的胜利暂告中止。随后炎帝部落的后裔分支共工部落与黄帝后代的颛顼部落又爆发过战争，《淮南子·天文训》记载说："昔者共工与颛顼争为帝，怒而触不周之山。"共工部落的争位战争到了帝喾时代仍未停歇，《史记·楚世家》有载："共工氏作乱，帝喾使重黎诛之而不尽。"[②]共工的"作乱"一直到了尧舜禹时代，都

① 徐旭生：《中国古史的传说时代》，桂林：广西师范大学出版社，2003 年，第 45 页。

② 《史记》卷 40《楚世家》，第 2039 页。

有见诸记载。[①]

关于五帝时代这些部族、部落战争在考古学上也是能找到些许证据的。例如在那个时代以及更早就出现了具有军事防御目的的城墙工事。至晚在公元前2600—前2000年的龙山文化时代，就发现了以襄汾陶寺[②]、登封王城岗[③]、湖北天门石家河[④]，四川新津宝墩[⑤]、杭州余杭莫角山[⑥]等古城遗址为代表的城墙遗迹。[⑦]其地理分布遍及华北、华中、西南、黄河中游和长江下游地区。除此以外还在江苏邳县大墩子墓地发现有带箭伤的人类骨架，山西绛县遗址所发现的带箭头的人骨，诸如这类极有可能是死于战争或其他非正常方式的尸骨都可以证明大致在五帝时代是存在着战争级的武力冲突的。频繁、惨烈的战争也必然会在这个过程中锻炼和凸显出一批勇敢、善武的战士，他们就可能由于自身在战争或者类

---

① 《逸周书·史记》有记载："唐氏伐之，共工以亡"；《荀子·议兵》曰："禹伐共工"；《荀子·成相》曰："禹……逐共工"。

② 严志斌、何驽：《山西襄汾陶寺城址2002年发掘报告》，《考古学报》2005年第3期。

③ 安金槐、李京华：《登封王城岗遗址的发掘》，《文物》1983年第3期。

④ 王震中：《中国古代国家的起源与王权的形成》，北京：中国社会科学出版社，2013年，第267–268页。

⑤ 王毅、江章华、李明斌、卢丁：《四川新津县宝墩遗址调查与试掘》，《考古》1997年第1期。

⑥ 刘斌：《杭州市余杭区良渚古城遗址2006~2007年的发掘》，《考古》2008年第7期。

⑦ 经过对遗址的扩大发掘，这些城墙都只是用来保护处于部落邑群中心位置的中心聚落。从而更加说明在仰韶和龙山时代已经出现较为明显的社会分层现象，且这种阶层分化呈现加深加剧趋势。

似战争的狩猎活动中的不可替代性而被尊奉为作战单位的领袖或全部落范围内的英雄。

基于以上两个获取长君权位的前提条件，同时我们也应该注意到，传说中的五帝权位的更迭并不都是依靠战争来夺取的，也有尧、舜、禹的禅让。若曰禅让是基于一种道德觉醒，那显然不是最合理的一种诠释。这种“禅让”更可能的是部落战争之外的一种替代选择，所施行的是一种选择继承原则。然而这种选择继承并非完全的选贤任能，即使是尧、舜、禹的禅让，也是在血缘亲族范围内选择继承人，所以更准确地讲，“传贤”是在血统原则基础上辅以“择贤”标准罢了。“尧知子丹朱之不肖，不足授天下，于是乃权授舜。”[①] 表明帝尧在禅让之前也是考虑过权位传子的，只是忧于其能力不足而作罢。帝尧崩逝后，舜还意图让位给尧的儿子丹朱，一方面以示谦让恭谨，另一方面可能也是考虑到丹朱的势力会在未来给自己带来压力。同样的情况还有夏禹欲让位于舜子商均、益让位于禹子夏启。这都表明了在没有明确继承制度之时，权位传子的思想很可能已经萌发了，而且父辈的权力资源是可以部分地转化为其后辈政治资本的，但择贤传位的基本原则并没有改变，黄帝、颛顼、帝喾、尧、舜、禹的形象都有其各自不凡的能力。黄帝振兵诛暴、颛顼静渊有谋、帝喾厚德爱民、帝尧敬天授时、帝舜孝善亲族、夏禹平治水土。这六位长君的形象在传说中的编排可谓整齐而又全面，与之对应相衬托的则是帝

① 《史记》卷1《五帝本纪》，第36页。

挚的不善而崩，以及丹朱、商均、伯益因才能不足而导致“诸侯不朝”。

择贤继位的君位继承方法固然有其合理之处，但相配适的则必须有一套对“贤”的评判体系。黄帝和颛顼时代部落战争频繁惨烈，故而战功就是最为显著能见且可以量化的功绩。然而在帝喾、帝尧、帝舜这相对和平的时代难有战功这般的“外行”用以服众，就文献记载来说，华夏族的内部部落战争在舜帝流放共工之后趋于平息，而且伴随着生产技术进步、社会生产力发展，近前的经济增量会让社会共同体进入一个内部快速发展而忽于对外掠夺的时代。所以尧、舜、禹这一时期相比炎、黄时代就显得更强调长君“以亲九族”这样的文治，而不是“习用干戈”的武功。一旦英雄功绩无法通过可量化的战功来表达，那么依靠权威介入选择并给予“英雄”以新的定义和形象就成了一个更好的方案。在这样的情况下，伦理道德式的“内德”也进入了“贤”的评判体系。帝喾“修身而天下服”，帝尧“能明驯德，以亲九族”，帝舜“内行弥谨”，在其治下“人皆让居”。这表达了对长君的素质要求由领袖式的先锋作用开始丰富成了具有道德性典范作用。前者更强调长君个人功绩的直接影响力，后者强调长君对其他人的教化、导向作用。

小　结

“长君”是存在于前国家社会之中，是当时社会最高权力者的权力形态，其权力形态存在着一些特点。首先表现在长君权位继承的方面，其主要的继承原则仍然是世袭的，但是这种“世袭”并不一定如后世“传子”那般在选择对象上具有明确性，甚至唯一性。而是在满足了相近血缘这一前提下，引入对个人素质、能力以及部落权势的考量（部落势力的强弱，本身就是酋长素质能力的反映）。

但我们还要认识到，长君的权位传继方式虽然存在战争夺取、部落世袭、选择继承，但其个人权威仍然是依靠自身的英雄形象来建立的。就历史的大脉络来看，不论权位是依靠和平继位还是武力夺取，最后得位者都会围绕其权力的合理性话语构建出一整套符合自身利益的逻辑体系。这种对权威来源问题的诠释，往往演变成了对君主或政权的神秘形象的构建，但在五帝时代相关传说之中，这种为了强化既有权力而进行的权威思想体系的构建活动，则表现为较单纯地对长君个人英雄事迹和英雄气质的构建。

第二章

邦君：万邦霸主与祖灵巫首

邦畿千里，维民所止，肇域彼四海。

四海来假，来假祁祁，景员维河。

——《商颂·玄鸟》

在上一章中，本书以传说中的五帝时代为研究对象，模糊地描摹了一个前国家阶段的社会形态及其“长君”型君权，但进入夏世，依然无信史可寻。自王国维提出历史研究的“二重证据法”，中国历史的传疑时代与信史时代则有了更加清晰的界限。至今，信史的上限仍然停滞于公元前1300年前后[①]那个由殷墟甲骨还原出来的历史时空，而信史之前大片的邈远洪荒，因夹杂着浪漫想象与书写而不可尽信。这一历史时段横跨了整个夏代直至商代晚期。由于殷墟卜辞文字是拥有较为成熟形制的文字，除了表实物

① 安阳殷墟卜辞所处年代为公元前1300—前1028年。

之字，还有可表无形的意识、物性的字。在构词方面已可组构单位词、代词、动词、状词等，也发展出了较为固定的句式、句型。殷墟卜文作为一种脱离了纯图形阶段的发展了的象形文字，必然有着较长的发展前期及其相适配的文化社会载体，这也让我们有充足理由相信卜辞时代之前的社会同卜辞所还原出的那个世界是一脉相承的。

第一节　夏代的社会与国家

普遍认为，古代中国的“家天下”始于夏代，那么帝禹就是五帝时代最后一位长君。太史公在《五帝本纪》中并没有将帝禹计入，而是将他的事迹划入了《夏本纪》。进入夏代，代表一个新时代的开启，这个时代与五帝时代一脉相承，又存在着变革。原来的部落联合体开始蜕变，也必然改变着以五帝权力为模型的“长君”型君权。

一、夏朝的建立与发展

“夏朝”，同样也是一个传说中的历史时代，目前最早的“夏朝”出自《尚书·召诰》的记载：

我不可不监于有夏。亦不可不监于有殷。

《召诰》的记载说明在周初已经有了关于对夏的历史世代的认识。《大雅·荡》也有记载："殷鉴不远，在夏后之世。"太史公作《史记》，专门设有《夏本纪》，记载了夏代世系共有十四世十七君。成书于战国，至晋代被发掘出来的汲冢《竹书纪年》也对夏世系有记载。两书对照相差无几，所以更增加了"夏"是真实存在过的可能。

我们并没有以某个政治权力实体的名称来总括五帝时代，因为五帝时代社会的最高级组织呈现出一种部落联合体的形态，一方面这种社会组织的最高权力的归属时常出现变化，另外一方面就是最高权力者并没有对整个联合体实现某种程度的"专治"，而是呈现联合体成员组成议事大会的"共治"，所以才没有一个固定的"国号"。那么既然出现了以"夏"为号的历史时期，就意味这一时期处于"夏"政权的"专治"之下，即在最高级的社会组织和权力层面是"夏"政权垄断了最高权力。

"夏"本是一个五帝时代就有的部落组织，相传这个部落乃是黄帝的后代、帝颛顼部落的一个支裔。到了禹为酋长之时，禹接到了帝舜要求他接替自己的父亲鲧，去负责治理洪水的命令。禹"劳身焦思，居外十三年，过家门不敢入"[①]最终平息了水患。尔后又被帝舜任命为司空，专掌水利土工，他"行山表木，定高山大

① 《史记》卷2《夏本纪》，第65页。

川”[①]赢得了天下百姓的赞誉。最后帝舜将长君之位传让给了禹，但是禹却坚辞不受，在帝舜三年丧期结束后，禹将长君权位让予舜的儿子商均，可是禹的功绩德行更深入人心，所以出现了“天下诸侯皆去商均而朝禹”[②]的情况，自此禹在众意之下登位治事。禹继位后就推举皋陶为下一任长君，但皋陶却早于禹去世。禹转而推举益为继任者。

禹在位十年[③]后死去，继任的益也辞让了权位给禹的儿子启，但与禹辞帝位故事的结局不同，这次天下诸侯没有坚持要求益继位，而是以“益之佐禹日浅，天下未洽”为由，顺水推舟地奉启为长君。关于启如何得到了君位也存在另一种说法，认为是启为了长君权位而杀死了益。《晋书·束皙传》引《竹书纪年》曰：“益干启位，启杀之。”《史通·疑古》曰：“益为启所诛。”《史通·杂说上》曰：“后启杀益。”其实这两种说法并不一定矛盾，益未必是心甘情愿出让君位的；天下诸侯也未必是在这场权位竞夺中“用脚投票”地选择了启；同样也可能出现启登位之后再杀死益的情况。而《韩非子》的一种观点也颇具合理性：

启与友党攻益而夺之天下，是禹名传天下于益，而实令启自

① 《史记》卷2《夏本纪》，第65页。

② 《史记》卷2《夏本纪》，第102页。

③ 一说为七年。《孟子·万章上》曰：“禹荐益于天，七年，禹崩，三年丧毕，天下归启。”

取之也。[①]

禹首先选择了皋陶作为禅让对象，然而皋陶一方面并不来自华夏部族，另一方面他与禹属同时代的人，若待禹死后，就算皋陶继位，恐怕也将不久于世。皋陶死后，禹又选择了功绩并不突出的益为继任者。这在尚处英雄崇拜的时代，等同于为儿子启选择了一位无甚威胁的对手。所以就存在了如《韩非子》这样的一种观点，认为禹“实令启自取之”。

在启登位之后，有扈氏就发生了“叛乱”，启以“威侮五行、怠弃三正”[②]的罪名对有扈氏[③]进行讨伐并取得胜利。这场“叛乱”很容易被联想到是有扈氏为反对启的非法登位而发动的。《淮南子・齐俗训》就认为“有扈氏为义而亡”。但东汉高诱为《淮南子》做注曰：“有扈，夏启之庶兄。”若真的是兄弟之争，也就有可能是一次权位争夺。在战胜有扈氏后，启又举办了“钧台之享”[④]盟会诸侯。这次盟会的现实意义大抵就是昭告天下，长君权位自此开始由夏部落历代酋长接任，正式明确了“家天下”的开幕。

---

① 《韩非子・外储说右下》。

② 《尚书・甘誓》。

③ 关于哪一位夏王征讨有扈氏，以及有扈氏是何地望，至今无定论。有观点认为是禹伐有扈，但普遍认为是夏启伐有扈。扈地多以为是在陕西扶风鄠县，《说文・邑部》及《汉书・地理志》举当地有“扈谷”“甘亭”为证。

④ 《左传・昭公四年》曰：“夏启有钧台之享。商汤有景亳之命。周武有孟津之誓。”《史记》卷 40《楚世家》曰：“伍举曰：‘昔夏启有钧台之飨。’”

二、夏代国家形态的初显

夏代国家形成通常被认为是以权位世袭为标志，其实在五帝时代，就已经有了权位传子的倾向。尧子丹朱、舜子商均本来都是有机会继承长君权位的，而且舜、禹、益在先君丧期结束后，还特意辞避君位。这说明权位传子在当时至少是一种不难启齿、理所当然的行为。但总的来看，夏代国家是由部落联合体形态和平发展而来，这样的和平递进式的历史发展显然不会在一瞬之间就完成从部落联合体至国家阶段的跃迁。根据塞维斯“游团—部落—酋邦—国家”四阶段社会形态进化理论来看，典型酋邦继续发展，最后有可能过渡到早期国家形态。虽然并不意味着酋邦一定发展为国家，但是凡能成长为国家社会的地区，一般都经历过酋邦社会，无论是作为原始国家的文明古国，还是作为次生国家的古希腊、古罗马。[①]

五帝时代的部落联合体并非完全符合酋邦的诸多特点，但在这一形态社会进化为国家形态的路径上，应该是和酋邦进化模式非常近似的。部落联合体这一社会形态具有一定的稳定性。酋邦社会也存在这一特点。谢维扬称之为“非过渡性”，他认为酋邦之所以表现出这种稳定性，是因为酋邦作为一种高级的社会组织

① 参见沈长云、张渭莲：《中国古代国家起源与形成研究》，北京：人民出版社，2009 年，第 102–103 页。

实现了对不同血缘渊源的居民的组合和管理，这使得它们可以长久地在比较大的容量内适应人类在较高水平上实现政治联合的要求。[①]结合五帝时代部落联合体的情况，正是因为诸多部落在联合体议事大会中占有一定的权益，所以会在某种程度上愿意保持这种多部落、多部族联合共治的现状。

部落联合体这种相对的稳态如果要进化为国家，通常存在着两种路径。沈长云、张渭莲两位先生结合《反杜林论》及《家庭、私有制和国家的起源》的相关理论提出了两个路径：

路径一：通过奴隶制经济的快速发展促使酋邦的氏族结构解体而直接走向成熟国家。

路径二：保留原有的酋邦组织，在一个较大酋邦首领的领导下，通过开展某种涉及联合体共同利益的重要事务，促使该酋邦首领个人权威的急剧增长即联合体内部机制的转换，从而建立起从属于该酋邦首领的具有某种专制统治性质的权力机构，即早期国家机构。[②]

那么对于从五帝时代进入夏世的路径，显然更符合上述的“路径二”。夏代“家天下”的确立与禹、启两位君主的强大权威

① 参见谢维扬：《中国早期国家》，杭州：浙江人民出版社，1995年，第227–229页。

② 参见沈长云、张渭莲：《中国古代国家起源与形成研究》，北京：人民出版社，2009年，第107–108页。

是密不可分的。禹在“鸿水滔天，浩浩怀山襄陵”这样浩大灾难中获得了调发巨量社会资源的权力，并在这种重大社会事务中积累了崇高的个人权威。或许与此同时也不可避免地产生了对庞大社会财富的觊觎。禹甚至还曾因防风氏参加祭典迟到就将之杀戮，这种恣意张扬的威权在尧、舜时代是不见记载的。在此基础上，禹还不时发动武力征伐。尧、舜、禹连续三代长君都有征伐苗蛮部族的记载，所以其君权在战争中既会得到强化，同时也能削弱制衡力量。以至到了夏启登位并意欲垄断长君权位之时，仅仅有扈氏发出了一丝微弱的抗争之音。

夏启死后，其子太康继位，夏朝“家天下”模式实现了第一次权位转换，但不久就出现了政治危机。太康在位时，因其田猎游玩，不恤民事，导致了“有夏之方衰”①，而后被一位来自东夷族有穷部落的酋长羿夺去了权位，太康继而逃亡斟鄩。这里的“夺权”应是指被夺去了部落联合体长君的实际权力，然而在名义上仍是太康的弟弟仲康在位。不久，羿的势力内部出现斗争，寒浞杀死了羿，承袭了有穷部落酋长以及联合体长君权位。这场乱局最后是由仲康的孙子少康平息的，长君权位重回夏氏之手。这场危机以“太康失国”开始，以“少康中兴”结束。其间不难发现，羿夺去了夏氏的君位，他竟然可以“因夏民以代夏政”②。而寒浞杀死羿夺取有穷部落政权，也依然可以行使权能。这说明了在夏初时代仍然充满了“胜者为长”的英雄主义思想。长君之位，仍然可以容

①② 《左传·襄公四年》。

纳“胜者”，而不必是“合法者”。反观夏末的孔甲，他“好方鬼神，事淫乱。夏后氏德衰，诸侯畔之”[①]。孔甲为君无道，导致诸侯多有叛乱，而其死后夏族仍然奉其子皋为君，此时可见世袭传子制度方真正被人们视之当然。

也正是基于“太康失国”这样的史例，当时人们意识到夏的“家天下”不能单纯依靠君主的个人权威来维持。夏部落的强大崛起，其他部落势力趋于畏服，这仅仅是为专治性统治权力营造了一个外部的适宜条件。夏部落居于强势的主要契机还是禹、启两位君主在五帝时代那种“英雄权威”的社会氛围下依赖个人功绩获得的暂时性的成功。一旦继任的君主不能如前代那样雄才大略，那眼前的这种优势将变得无比脆弱，所以夏代社会在进化为国家的过程中，另一个明显的表征是法律意识的出现。

根据塞维斯的酋邦理论，在酋邦社会中只有非强制性质的“权威”，而无强制性质的“权力”。后者是国家社会的产物。[②]由“权威”转向“权力”的基本路径就是要将不言自明、不扬自彰的自觉转化为客观的、具有强制性的行为规制，并借这种对外在行为的规范构建新的权威自觉。所谓的行为规制，就是我们习称的“法律”。在国家出现之前和形成之初平衡、调控社会的是自史前文明时代部族相沿积袭的习惯法。如英国法学家梅因所说：“‘习惯法’以及它为一个特权阶级所秘藏的时代，是一个很值得注意的时

① 《史记》卷2《夏本纪》，第106页。

② 转引自易建平：《关于国家定义的重新认识》，《历史研究》2014年第2期。

代。这个时代的法律学处于怎样一个状态，其残留痕迹到现在仍旧可以在法律和民间的用语中体现。这种专门为有特权的少数人所知道的法律，不论这少数人是一个等级，一个贵族团体，一个祭司团体，或者一个僧侣学院，是一种真正的不成文法。"[①]而成文法的出现则要待国家机器逐渐成熟后对原先部分的社会习惯法进行整理、提炼后才会形成。

我国的法制传统起源甚早，文献传说"黄帝治天下，法令明而不暗"[②]；帝舜曾命皋陶创制"五刑""五教"以"临下御民"。《左传·昭公十四年》曰："《夏书》曰：'昏、墨、贼，杀。皋陶之刑也。'"意指昏、墨、贼这三种罪责要判处死刑。《易》曰："河出图，洛出书，圣人则之。"这里的《洛书》传说乃夏禹时代的法典。《左传·昭公六年》记载："夏有乱政而作禹刑。"《尚书·吕刑》书序有曰："吕命，穆王训夏赎刑。"[③]这里的"赎刑"有可能就是《禹刑》。除了有法典的记载，还有执行强制性惩戒的场所，夏建有国家监狱，名曰"夏台"，相传商汤就曾在夏台遭监禁。[④]

除了形成法典，在君主之下设官分职也是国家机器的重要标识。在《尚书·尧典》的记载中已经能看到帝舜时代的设官分职行为。帝舜时代的官员更像是具体事务的办事员，而夏代的官职则

---

① ［英］梅因：《古代法》，沈景一译，北京：商务印书馆，1996 年，第 8 页。

② 《淮南子·览冥训》。

③ 李学勤主编：《尚书正义》，北京：北京大学出版社，1999 年，第 533 页。

④ 《夏本纪》曰："乃召汤而囚之夏台，已而释之。"《史记》卷 2《夏本纪》，第 108 页。

可能是具有下属及其办事机构的。在《尚书·甘誓》中有："大战于甘，乃召六卿"，疏曰："天子六军，其将皆命卿"；所谓"六卿"也称"六事之人"，疏曰："各有军事，故曰六事"[①]。在《礼记·明堂位》有曰："夏后氏百官。"晁福林认为这"百官"可能就是"六卿"的属官。[②]夏代的职官已经是君主实行统治的主要手段之一，例如在羿夺取夏后氏长君权位后，他最重要的举措就是罢免了武罗、伯困、熊髡、龙圉等贤臣，而起用亲信寒浞。[③]在太康失国期间，少康曾在有仍氏为"牧正"，在有虞氏为"庖正"。夏后氏以外的部落都开始设官分职，说明当时的社会普遍开始进入国家形态了。而且还出现有"庖正"，这是专门掌管部落酋长饮食的官职，说明此时部落酋长脱离了日常生产，开始成为权力阶级。这一点与饮食粗粝、躬耕捕鱼、沐雨栉风的尧、舜、禹相比有着明显的差异。

三、夏代的国家结构

夏的社会形态沿袭自五帝时代，五帝时代的社会呈现家族—氏族—部落—部落联合体四个层次。而夏代相比五帝时代存在着不少变革：在权力传承方面，在最高级的社会组织联合体层面已经开始了"家天下"的继承原则，社会最高权力实现了夏部落的

---

① 李学勤主编：《尚书正义》，北京：北京大学出版社，1999年，第173页。

② 晁福林：《夏商西周的社会变迁》，北京：中国人民大学出版社，2010年，第242页。

③《左传·襄公四年》曰："弃武罗、伯困、熊髡、龙圉，而用寒浞。"

垄断。此外还确立了法典，如《禹刑》。在法典对社会秩序的框界下，还设置了分工明确、拥有办事机构和属官的行政部门。这些客观标准和执行系统的出现，使得夏君专治以及未来的君主专制都成为可能。伴随着这些变革，夏部落自身也开始脱离较原始的“酋邦”形态，走向国家形态的“邦国”。与此同时，部落联合体内部其他的部落组织也跟随着部落实现了社会形态的进化，步入国家形态阶段。例如，有仍部落和有虞部落，在其部落内也出现了设官分职，或者出现了脱离日常生产的统治阶级。在这样一种夏部落升级为夏邦国、其他联合体成员也不断由部落进化为邦国的过程中，原本的部落联合体也就实现了整体升级。

伴随夏部落与其他部落升级进化为邦国组织形态，旧有的部落联合体也蜕变了形态，成为“邦国联合体”。第一章谈到，在龙山时代的部落聚落形态普遍呈现一部多邑的形态，即同一氏族聚居形成一个邑落，众多氏族及其邑落组合形成部落邑群，拥有统治地位的氏族和家族就居于邑群的中心地带，是为中心聚落。这一点在文献中也能看到，例如，少康在有虞部落为庖正期间，虞君就将纶邑交予少康居住。这说明有虞部落是个拥有多邑的部落。[①] 中心聚落相比于围绕它的其他邑落拥有更重要的现实价值和权力意味，所以中心邑落往往还筑有城墙工事。那么将这种中心邑落同周边邑落的基本格局放大，就可以理解为在夏代所形成的

---

① 《左传·哀公元年》曰：“（少康）逃奔有虞，为之庖正，以除其害。虞思于是妻之以二姚，而邑诸纶。有田一成，有众一旅。”

邦国联合体形态。在邦国联合体中，夏邦相当于部落中的中心邑落，其他邦国或部落相当于周边的邑群。其基本形态表现为一种以夏邦国为大邦，其他邦国或部落为小邦的格局。不同点在于邑群与中心邑落存在血缘与权力义务的双重联结纽带，而夏邦国与其他邦国之间并不都具有血缘关系。

夏邦单独与其他邦国对比，首先，它在经济和军事方面呈现强弱差异，这也是夏邦能主导邦国联合体事务的根本保障。一旦这种强弱对比发生倒置，那么夏邦的主导地位就岌岌可危了。其次，它呈现着因强弱差异而造成的不平等现象。这主要体现在其他小邦有向夏邦进行经济贡纳的义务。例如《左传·定公元年》有曰："薛之皇祖奚仲，居薛，以为夏车正。"《荀子·解蔽》和《吕氏春秋·君守》也有"奚仲作车"的记载，所以当时的薛氏可能存在向夏邦贡纳车辆的义务，此外夏代的御龙氏为夏君豢养龙（有说法"龙"即为鳄鱼）供夏君食用，这其实也可能是一种贡纳行为。最后是夏邦以一种大邦强国的姿态统治着众多相对弱小的邦国，在这个体系中，有引入小邦的君主进入夏邦任官职的情况，例如奚仲作车，为夏之车正官；商部落的玄冥为夏水官；等等。这也是为一种权力体系内部的沟通和调剂。

第二节　国家社会在商代的进一步发展

夏世之后的社会行驶在国家形态的发展轨道上。众多原本的氏族部落经由内部法治建设、职官建设以及由此造成的阶级分化，纷纷蜕变为一种呈现早期国家的邦国形态。继而在更高一层社会组织层面形成邦国联合体。但终夏一代，其国家形态仍然处于相对原始的阶段。夏邦自禹至桀，经过了十四世十七君。最后在一次权力争夺中失败落阵。《古本竹书纪年》称“用岁四百七十一年”，但夏的历史影响并不因它的落幕而终结，后继的新邦继续沿着夏邦的轨迹，进一步实现了国家社会的进化。

一、商朝的建立与发展

与前朝夏一样，“商”为国号意味着这一时期的邦国联合体的统治权转移到了商邦的手中。商邦拥有古远的传说历史，在五帝时代，帝喾次妃简狄因吞食玄鸟卵而怀孕，所诞下的这个孩子取名为契。契成年后因佐助大禹治水有功，受帝舜封于商。契也被视为商人祖先。至夏世末期，夏君桀残暴荒淫，惹得天下怨怒。《史记·夏本纪》曰：“桀不务德而武伤百姓，百姓弗堪。”[①]以至于当时有的人指着太阳咒骂“时日曷丧，予及汝皆亡”[②]。历史记载的说法让人觉得夏邦从大位跌落，是因为夏桀不顾人民幸福，恣意妄为，他的灭亡源于一种阶级矛盾。然而夏的败落更合理的原因可能是邦国间的政治、军事斗争。《史记·律书》记载，夏桀“手搏豺狼，

① 《史记》卷2《夏本纪》，第108页。

② 《尚书·汤誓》。

足追四马”[1]，是一位非常勇武的君主。这样的个人素质，往往性格上也好勇斗狠。这也契合了“武伤百姓”的说法。《国语·晋语一》：“昔夏桀伐有施，有施人以妺喜女焉。”《古本竹书纪年》曰：“后桀伐岷山，岷山女于桀二人……而弃其元妃于洛，曰末喜氏。”可见夏桀是一位崇兵尚武但也穷兵黩武的君主，他的野心与强权导致了夏邦与其他邦国、部落的尖锐矛盾。

与夏交恶的邦国中就包括商邦国，当时的商君是汤，他一度被夏桀投入监狱，出狱后开始计划伐夏。《孟子·滕文公下》说：“汤始征，自葛始，十一征而无敌于天下。”《史记·殷本纪》也有记载：“汤征诸侯，葛伯不祀，汤始伐之。”[2]分别在有娀之墟和鸣条两次打败了夏君桀，从而代夏而立。自汤立商，至纣终结，商世共三十一君。末代商王纣“淫乱不止，数谏不听”，几乎是重蹈夏桀的覆辙。最后商被偏居一隅的周邦国打败，丢失了邦国联合体的统治权。

关于商邦崛起与衰落的记载几乎都来自西周以后的传世文献。所谓的“夏商革命”不能不怀疑是用来构建“商周革命”正义性的一种历史书写。其一的疑点就是《史记》所记载的商族克夏之前曾有八次迁徙，克夏之后有五次迁徙：

自契至汤八迁。汤始居亳，从先王居，作帝诰……帝中丁迁于

① 《史记》卷25《律书》，第1482页。
② 《史记》卷3《殷本纪》，第122页。

隞。河亶甲居相。祖乙迁于邢……帝盘庚之时，殷已都河北，盘庚渡河南，复居成汤之故居，乃五迁，无定处。[①]

如此频率的迁徙并不符合定居农耕部族的生活习性，更似是对游牧部族的描述。针对殷商文明的渊源，学界一直存在多种观点，总体而言，殷商王族的北来说（今山西南部至河南北部一带）与东北说（京津至辽河一带）较为合理。本作对比相关说法，较为认可东北说。参考郭静云先生的观点，认为商人先祖大概自今天黑龙江稀林草原地区，不断向南迁徙至中原北部地区。迁徙的内部张力来自东北地区寒冷气候与狭仄的农牧空间，因而具有较强烈的机动游徙意愿。

商族本为游牧族群的说法可在传说中找到痕迹，《世本》有载“相土作乘马”和“亥作服牛”，宋衷注曰：“相土契孙也。四马驾车。起于相土。故曰作。以其作乘马之法。”早在商族克夏之前，商族就是个以善于驭马畜牧而著称的族群。或许我们会认为，驾驭马匹和驯养牲畜作为一种生产技能，可能就是少数人的特长，并不一定要上升成一整个族群的整体技术优势。这一点，生活在高度分工的现代社会的我们需要脱离所谓的时代傲慢，必须意识到在周代以前，绝大多数的社会生产的产业链非常短，统一族群内部成员并不会出现非常显著的技能差异。郭静云先生就认为，只有在成熟组合的社会中，才会呈现基于高度分工而形成的技术差异，

① 《史记》卷3《殷本纪》，第121–122页。

也就是耕地的农夫不会驭马，只有时刻备战的军士才懂骑射。用马与不用马的人，不会出自同族。[①] 此外，在马镫发明之前，骑手单人骑乘马匹并不具有很强的战斗能力，反而是将马匹编组成马车更有利于释放冲击力并发挥战斗平台的作用。所以殷商族人善用马匹的表现也体现在善于造车之上。在殷墟之前的考古遗址中几乎没有发现过马车，但在殷商时代，大量的随葬马车被发掘出来。基本可以肯定马车是殷商时代新出现的事物，为商王族特有。这更进一步强化了先商族人自东北游牧地带迁徙而来的猜想。[②]

或许也正是作为远道而来的征服族群，商人对原本中原大地邦国联合体的权力格局产生了强大的冲击。拥有驭马养畜技术优势的商人很可能是在构建起军事、经济优势后依托武力形成了邦际竞争优势。

二、商代的国家结构

商代的国家结构总体来看是进一步发展了的邦国联合，很可能是由于具有更为强大的基于畜牧业而形成的军事优势，其发展性主要表现在商代的国家结构呈现一种清晰的内服、外服格局。所谓“内服”指的是商的直辖地区；而“外服”指服属于商王的众侯国。《尚书·酒诰》对商的统治形态有这样的描述：“越在外

① 参见郭静云：《夏商周：从神话到史实》，上海：上海古籍出版社，2014 年，第 194–195 页。

② 参见陈志达：《商代晚期的家畜和家禽》，《农业考古》1985 年第 2 期。

服，侯甸男卫邦伯，越在内服，百僚庶尹惟亚惟服、宗工越百姓里居。”而在《大盂鼎》中也有“我闻殷坠命，惟殷边侯甸殷正百辟，率肆于酒”与之互佐。其“殷边侯甸”和“殷正百辟”则分别对应了《尚书·酒诰》中的“外服”和“内服”。

商邦国的内服地区，在文献中也常用“商邑”来形容。在殷墟卜辞中出现有“邑”字，多是用来指称商王直属之邑。商王之邑又可以细分为都邑和新邑。“都邑”就是商王和百官的居邑，在卜辞中“都邑”被称为“大邑”“天邑商”“大邑商”等。“邦”与“邑”大抵是指同一类事物，皆是商周时代对各种居民点的泛称。“邦”在甲骨文中写作“[illegible]”，从丰从田[①]，象植木于田界之形，而在西周金文中“邦”从丰从邑，始见于康王时器大盂鼎上，《大盂鼎》铭文有载：

> 丕显文王，受天有大令，在武王嗣文（王）作邦。
> 锡汝乃祖南公旂，用狩。锡汝邦司四伯。

这两条记载都是周康王对臣盂的训诫，第一条所言“武王嗣文（王）作邦”，姬周始作邦建国当然不会迟至武王嗣位，所以这里的“作”应理解为“振作”“兴作”之意，此处的“邦”亦不应是灭商之后那个登极天下的周王邦，而是仍处于商统治之下的那个“小邦周”。第二条记述里的“邦”显然是指臣盂的封国。而至

① 《合集》846、847。

《毛公鼎》记载的周宣王对毛公厝训诫中，多次出现“我邦我家”之言，这里的邦与家对举，应作周之王畿的理解。“邦”从丰从邑，其与“邑”也是有着紧密联系的。在《汤誓》中就有“先王有服，恪谨天命，兹犹不常宁。不常厥邑，于今五邦……天其永我命于兹新邑”。另于《多方》有载“亦惟有夏之民……劓割夏邑”。《大雅·文王有声》有“既伐于崇，作邑于丰”。在《尚书·多士》有“肆予敢求于天邑商”。《商颂·殷武》中有：“商邑翼翼，四方之极。”如同我们今天以一国首都来指代其中央政府一样，诗中借商王都邑的奇丽雄伟来形容商邦国的赫赫权势。

内服地区中的所谓“新邑”就是指在卜辞所刻写的时候商王新建立的城邑。武丁时代的卜辞中就有出现“王作邑”“我作邑”“作大邑于唐土”“作邑于鹿”[①]之辞。这就是商王武丁为新作之邑所卜，这些新邑明显也是都邑之外的商王直属之邑。此外卜辞中还存在“墉”字，《说文》释为“城垣也”，说明商代的都邑和新邑都可能有城墙，这不仅是个防御工事，也是个框界内外的标志，因为邑并不是孤零零的城池，在其可能拥有的城垣之外还存在着农田、牧野、渔泽和山林等[②]，使得这单一的城邑也拥有相对独立的经济基础。

商的外服地区就是其他的非商王直辖地区，在外服分布着其

① 参见陈梦家：《殷墟卜辞综述》，北京：中华书局，1988年，第322页。

② 参见毕奥南：《从邑土国家到领土国家的边疆——先秦时代边疆形成考察》，《中国边疆史地研究》2011年第4期。

他邦国，有文献曰："及汤之时，诸侯三千。"[①]这一点在殷墟遗址所展现出土物件的属性多样性也能看出，郭静云认为今之中原、西北、东北、鲁北、江浙、江南等前商文化皆参与了殷商文明的形成。[②]这些诸侯邦国当中又存在着"侯国"与"方国"之别。侯国包括了与商王同姓的邦国以及服属于商王的异姓邦国。至于那些未服属于商的邦国，在卜辞中写称为"方"，合则称之"多方"。因其与商敌对则也被称"不庭方"[③]。"方"和"邦"乃一声之转，其义则是相同的。[④]甲骨文记载下的方国数量很多，已考明名称的就有84个。这些方国时常对商的势力地区进行劫掠，武丁时代曾大规模对外征伐，一些方国如土方、羌方、巴方先后被征服，这些被征服后的方国也就不再称"方"，其首领也就不再称"白（伯）"，改而授称"侯"。[⑤]此举姬周一例，甲骨有"周方伯"之辞，亦有"周侯"之载。在武丁时代的卜辞中，先有"周方"一词出现，最早是武丁的征伐对象：

> 贞：王勿隹周方正（征）？二告。（《合集》6657）
> ……周方弗其有咎？（《合集》8472甲正）
> ……周方弗亡咎？（《合集》8472乙正）

---

① 《战国策·齐策四》。

② 郭静云：《夏商周：从神话到史实》，上海：上海古籍出版社，2014年，第11页。

③ 《大雅·韩奕》有载："榦不庭方，以佐戎辟。"

④ 参见金兆梓：《封邑邦国方辨》，《历史研究》1956年第2期。

⑤ 黄中业：《商代"分封"说质疑》，《学术月刊》1986年第5期。

……周方亡咎？（《合集》8472丙正）

而到了武丁晚期，出现了对周邦君称“侯”的情况[①]：

……令周侯，今生月亡咎？（《合集》20074）

虽有西周传世文献对商周差异的强调，但基于周原卜辞所记，周邦于文王之世，邦君有资格参加商邦宗庙之礼、受胙，还亲自主导祭祀大甲、大乙成、武丁等先王。可见，既为商侯，周商的关系仍是友好亲密的。至于商的外服侯国的空间形态，由于当时各个邦国发展程度不同，商邦的生产力水平和社会发展程度均为最高，其为拥有多个城邑的多邑型邦国，那么我们可以相信有发展程度较低的单邑型邦国的存在，囿于证据，故不作结论。

第三节　邦国联合体形态下的邦君型君主

夏朝与商朝都非如后世汉、唐、宋、明那般大一统中央集权式的皇朝。其基本结构形态是邦国联合体，亦有学者称之为“复

① 郭静云：《夏商周：从神话到史实》，上海：上海古籍出版社，2014年，第360–361页。

合制结构”的国家形态。[①]简单来看“复合制结构”就是“国家”中套有“国家”。国家社会呈现一种多层式社会，最高级的社会组织中产生国家最高层次权力。由于夏、商二代在国家社会形态发展上的一脉相承，以及呈现平稳线性发展的趋势，所以有关君权形态的研究也可以将夏、商二代一体视之。

一、邦君型君权的理论设定

五帝时代的部落联合体经过夏、商二代的发展，最后逐渐形成了邦国联合体的形态，愈发清晰地呈现为一种复合型国家政权结构，但所谓“复合型”国家结构仍要区别为两种类型。一种是以晚商国家结构为典型的由多个政权实体聚合，而后在联合体层面生成的政权。这属于“主权聚合型复合体制”国家；相对应的另一种则是以实行分封后的西周国家为典型的“主权分享型复合体制”国家。基于这样的一种对商代国家结构的认识，笔者将自夏至晚商这一时期的君主权力形态命名为“邦君”。邦君型君权的发展始于夏启开始“家天下”统治，经过“太康失国”这一反复阶段，最后终止于姬周代商立国后的改制。在商王武丁之后，因商王权势空前强大，在旧体制下实现了形态成熟，因而晚商时代的商王权力可视为“邦君”形态的典型模型。下文所谈之“邦君”皆以晚商时代商王权力形态为模型。

① 参见王震中:《夏代“复合型”国家形态简论》,《文史哲》2010 年第 1 期；王震中:《论商代复合制国家结构》,《中国史研究》2012 年第 3 期。

首先从邦君权能表达来看，所谓“邦君”之“邦”指的就是君权的根本来源，即来自次于邦国联合体的一级权力组织——邦国。这同时也是存在于主权聚合型复合体制国家的必然现象。商邦国在邦国联合体层面的权能实施，其所依赖的强制性权力是以本邦经济、军事实力为保障的，而不是同其他邦国成员所共同达成的某种行政机制。这一点是与长君型君权相区别的。长君在行使权能之时，重大的决议都是依靠各部落代表组成的议事大会，在原则上呈现着长君与众部落的共治。而邦国联合体是商邦国专治，商邦国对其服属的侯国统治具有一定的压迫意味。在《商文明的形成》一书中，张渭莲先生对殷商出土青铜器进行过统计，认为晚商青铜器相比于之前的出土器物，表现出非常明显的武器物件增多的现象。根据他的推测，主要原因是晚商（殷商）时代军事活动显著增多，大量的青铜器原材料被用于打铸兵器，占用了其他类型器物的铸造，同时也营造了浓厚的战争气氛。[①] 借此我们也可以认为在晚商时代，商邦对服属的其他邦国的控制力在增强或者急于表现得更强。不管何种情况，商与外邦的这种压迫与被压迫的关系都是以商邦的军事优势为前提的。商邦国之于其他服属侯国，是一种“霸主”式的存在。

自夏启实现君权世袭之后，五帝时代的那种以个人英雄主义为权威形象构建手段的长君型君权就湮没在了历史之河。显然长

① 参见张渭莲：《商文明的形成》，北京：文物出版社，2008 年，第 50–52、124–125 页。

君型君权以个人英雄形象来获取权力合理性及执政权威是一种需要以个人素质和功绩来进行交质前提的相对性权力。那么基于对邦国联合体施行的统治需求，新的君权形态必须面对旧有权力形态在持续扩张中存在的一个问题，那就是如何实现权力的绝对化，即如何将权力的所有塑造成不以任何可控、可量化的因素为获取前提，所以从“邦君”的内发机制观察，权力绝对化也是邦君型君权的一个形态标记点。

二、邦君权力的表达

《商颂·殷武》有“昔有成汤，自彼氐羌。莫敢不来享，莫敢不来王。曰商是常”之赞美，字词间固然有商族后人夸颂先祖的成分，但在当时邦国林立的纷纷攘攘中，商邦确有独占鳌头之资。

商王的统治区域包括商邦国直辖的内服地区和其他服属侯国组成的外服地区。存在于商邦国内服地区的一般都是商王的同姓族人，这些同姓族人在卜辞中被称为“子族”和“王族”。他们与商王虽有亲疏之别，但宏观上都是商王权力的共惠人。当战事来临，这些子族、王族们甘为商王前驱，例如卜辞中就有不少“三族”或“五族”的称呼，意即商王根据战事的需要征发三支或五支的宗族族众前往参战。这三、五之族指的就是同姓子族、王族之人。[①] 卜辞中的“王族”参与征伐和戍守任务非常频繁，所以很可

① 沈长云：《说殷墟卜辞中的“王族”》，《殷都学刊》1998 年第 1 期。

能是商王最为亲信的力量。

事实上商代国家社会的组织在一定程度上与宗族共同体内的亲族组织结构是相统一的。[①]根据对商代墓葬的形制、葬具、随葬品、殉葬人等的考古研究发现，商人宗族内部有着非常森严的等级划分，商王处于权力等级的最高端，一人独享最高权力。商王作为最高立法者，与同族服从方所确立的权威关系既不基于共同的理由，也不基于商王的权力；其权力运作的根本基础是双方将这一等级体系本身视为天然的正当与合法。[②]这一点在传世文献中也能体现，如《汤誓》中，商汤面对同族众庶说道："今尔有众，汝曰：'我后不恤我众，舍我穑事而割正夏？'予惟闻汝众言，夏氏有罪。予畏上帝，不敢不正。"在汤看来，要实现对夏桀的征伐，最为重要的就是获得宗族成员的支持。在《盘庚》三篇中则更加明显和详尽：为了实现顺利迁都，盘庚"率吁众戚出矢言"。从盘庚的言辞中，可以看到子商宗族的内部大致划分有三个阶级。第一级是拥有决策和征发权力的商王盘庚，他自称"予一人"或"我王"；第二级是可以参政议政或主管具体政务的"邦伯""师长""百执事"等王臣，以及受支配于上两级的无实权平民，即"小人""民"。《盘庚上》的叙述中盘庚在面对众戚官员强调迁都的必要时恩威并施，一方面说"古我先王，亦惟图任旧人共政""人惟求旧""邦之臧，惟汝众"，试图用一种祖先传承下来的传统的共政情怀来

① 刘泽华、汪茂和、王兰仲：《专制权力与中国社会》，长春：吉林文史出版社，1988年，第2页。

② 参见易建平：《酋邦与专制政治》，《历史研究》2001年第5期。

感召时下这些臣工无条件支持自己，另一方面又对不服王命的人“用罪伐厥死”。《盘庚中》则记述了盘庚对下层平民的训诰，一如训诰卿臣，言“予念我先神后之劳尔先，予丕克羞尔，用怀尔，然”，“古我先后既劳乃祖乃父，汝共作我畜民”，以强调血缘上的先天纽带；再言“我乃劓殄灭之，无遗育，无俾易种于兹新邑”，用以威吓；“汝有戕则在乃心！我先后绥乃祖乃父。乃祖乃父乃断弃汝，不救乃死”，甚至搬出了先王的威灵，用以支配平民先祖来惩罚在世的平民。

从《汤誓》《盘庚》两篇看子商宗族内部的族权，首先，宗族内部最核心的立法权力是集中于商王之手，商王对下级官员和底层平民掌有治罪生杀大权。其次，在盘庚下令迁都之时，部分王臣故意阻塞王命下达于平民，而且还散布谗言诋毁商王。可见王臣阶级所拥有的族权对商王权势存在着某种程度的制衡，但这种制衡是脆弱的，非具有强制力。再次，子商宗族的内部凝聚力主要依靠共同的祖先事迹所构建出的认同感，其旧臣之后仍是王臣，平民的后代仍是平民，同时也将阶级固化。而商王之于人间拥有至上族权，商王先祖之于其他阶级人的先祖也是至上地位。“人神同格”与“固化阶级”成为维持族权内部秩序的双机制。最后，商王拥有对天神、祖神的祭祀权和阐释权，这两项权能使得商王的世俗权力得以神化和绝对化。子商的族权政治也在周书中找得到佐证，《牧誓》中姬发所言：“今商王受惟妇言是用，昏弃厥肆祀，弗答；昏弃厥遗王父母弟，不迪；乃惟四方之多罪逋逃，是崇是长，是信是使，是以为大夫卿士，俾暴虐于百姓，以奸宄于商邑”，即认为子商政治昏暗的一大原因就是因为商王不任用同宗长辈兄弟为臣卿，而上帝也因此要惩罚商。

正是基于这种牢固的血缘感召和族权维束，商王对整个子姓宗族所拥有的社会资源具有很强的支配权力。甲骨卜辞中出现频率很高的“医”，也就是现代汉字的“侯”，综合研读后一般认为是指商王族成员，可以认为是商邦军事体系里的领受王命地方军宰。“医”多数出现的时候都表现为商王命令侯发动军事行动协助商王甚至是独立讨伐敌邦。若敢不从，则即使亲族也会遭到商王的征讨。根据孙亚冰、林欢两位先生的统计，甲骨文所载三十位侯中，出现有敉侯这样因不从王命，而遭到商邦中央权力军事惩罚的例子。[①] 就甲骨卜辞所展现的商邦内部的王侯关系而言，其与《盘庚》三篇所还原出来的状态相合。此外我们还知道自仲丁至阳甲有“九世之乱”，九世商王中外壬、河亶甲、沃甲、南庚以兄终弟及登位；祖乙、祖辛、祖丁、阳甲四王以父死子继登位。这场权力争夺只是两种继承原则并行所致龃龉，并无外系力量的参与，所以商王的权力更迭总的来说是较平稳的，而且也正是因为存在争夺，才能说明商王权位在子姓宗族中绝非外迁另立可比拟，是具有独一性和至尊性的。

再看存在于外服地区的异姓侯国，他们同样对商王存在着义务。《商颂・玄鸟》的“四海来假，来假祁祁”就描绘了侯国朝觐

---

① 孙亚冰、林欢：《商代地理与方国》，北京：中国社会科学出版社，2010 年，第 461 页。

商王的场景。在仪式性方面，朝觐行为是一种重要的政治姿态，也是朝仪双方义务和权力的确认。在经济物资方面，各侯国有向商王贡纳生活、生产物资的义务。卜辞有“王其呼供寻伯出牛”[①]这般记载，即要求名为寻的方国向商邦贡献牛。还有“戞不我其来白马”[②]，“贞古来犬。古不其来犬。古来马。不其来马”[③]，乃是商王要求进贡犬、马。再如当时用于青铜器制造的矿石资源和占卜所用龟甲就有来自商邦以外的侯国所贡纳。[④]

侯国向商邦另一个重要的义务输出是在军事方面。商代侯国是可以拥有独立的武装部队的，卜辞中“某师”即是某侯国君主的师伍，常见的如“弜师”“犬师”“我师”“允师”“鼓师”“缶师”等。侯国之师与商王之师一同参与对外征伐的情况在卜辞中很常见。服属的邦族不仅要为商邦纳贡，还需要不时地通过实际支持表示忠诚。此外，如“王惟侯告从征夷”[⑤]，“王惟而伯螟从伐□方”[⑥]，“沚戞称册王从伐土方”[⑦]等，“从征”“从伐”显示了侯国军队在联合军事行动中处于协从的地位，也有出现商王直接指挥侯国君主军队的情况，如“丁酉卜，翌日王惟犬师从弗悔，无灾……不遵雨”，此条意味着商王即将率领犬侯的军队出征，卜问灾幸。

① 《合集》8947。
② 《合集》9176 正。
③ 《合集》945。
④ 周书灿：《商朝国家结构与国土构造》，《殷都学刊》2001 年第 4 期，第 12 页。
⑤ 《合集》6460。
⑥ 《合集》6482。
⑦ 《合集》6087。

维系商的“霸主”形象的具体制度则是被称为“盟”的祭典活动。在《甲骨文合集》32330、34103 以及《英国所藏甲骨集》[1]2083、2119、2177 皆记录有“盟室”这一事物，是商邦在击败了不臣方国后，有的将之灭绝，有的则会保留，被保留的臣服的侯国通过“盟室”将其与商邦在政治、军事、经济等方面的义务固定下来。

虽然各个侯国对于商邦国有着种种强制性义务，但并不能就此认为这些侯国与商邦国形成了制度化与结构性的臣属关系。这里引出的一个学术命题就是商邦国与各侯国之间到底是“封国”还是“服国”关系。虽一字之差，但却关乎着各方国根本的国属问题。首先回溯“封”之本义。甲骨文之“封”作“”，形似人在田土上劳作。而“分封”一词起源于《左传·定公四年》中的三段记载：

分鲁公以……殷民六族：条氏、徐氏、萧氏、索氏、长勺氏、尾勺氏……命以伯禽，而封于少皞之虚。

分康叔以……殷民七族：陶氏、施氏、繁氏、锜氏、樊氏、饥氏、终葵氏……命以《康诰》，而封于殷虚。

分唐叔以……怀姓九宗，职官五正，命以《唐诰》，而封于夏虚。

姑且不论是否存在“分”的行为，单言“封”即应有授土授民

① 李学勤、齐文心、艾兰编：《英国所藏甲骨集》，北京：中华书局，1985 年。

两大内涵。就商代情况来说，商邦之于各个侯国存在着名义上的“封”，封侯在殷墟卜文中也写为“册”，《说文》曰：“册，符命也，诸侯进受于王也。”商王的王官中还有作册官，殷卜辞[①]和西周金文[②]皆有“作册”“作册某（人名）”之辞。《尚书·多士》有“惟殷先人有册有典”可为旁证。作册官的工作是助王册命，册命的仪式为“称册”，[③]但接受了册命的侯国仅仅是增加了本邦的对外义务，其自身的独立性和自在性并无损害。目前并没有无可置疑的材料可用以证明商王有如同后世西周那般授土授民式的封邦建国行为，众多侯国的属地和人民是其来固有，自然发展而成，侯国国君的权位也是由本邦本国内部产生的。在那个时代依一纸律令就组建一个多族混同的封国并不现实。普遍认为，商政权的大邦霸主地位是依靠军事扩张实现的，商对众侯国的剥削行为依赖的也是其自身实力的强大，《史记·殷本纪》所载“自中丁以来，废嫡而更立诸弟子，弟子或争相代立，比九世乱，于是诸侯莫朝”，即道明商与“诸侯”的朝觐关系根本上是依靠经济和军事优势来维系，而非制度性、法理性保障。一旦商邦内乱，各侯国与商邦关系则会出现不稳定。商王调发各侯国的社会资源是要依靠侯国国君的合作来完成，商王无委派官员直接参与侯国政治的行为，这也与后

---

① 《合集》1724 反、《合集》5658 反等。

② 如《作册般鼋》等。相关研究可参见李学勤的《作册般铜鼋考释》、朱凤翰的《作册般鼋探析》，见于《中国历史文物》2005 年第 1 期。

③ 李雪山：《商代分封制度研究》，北京：中国社会科学出版社，2004 年，第 27 页。

世周在其封国中设立“职官五正”以干涉侯国君主行政的做法不一样。王玉哲先生提出了一个独特的观察切口，根据对《尚书·牧誓》的研读，我们可以感受到在周武翦商的过程中，周邦聚拢大量的反商力量组建了翦商联军，周武王姬发对联盟军队虽然具有临时性的指挥调拨权，但却并不拥有固定化的所有权，翦商联军只是在姬发拥有较强的威信之下构建起来的临时合作关系。这种周军与翦商联军的共存状态，本身就是商邦与其侯国共存状态的缩影。①

综上所述，商邦与其侯国君主构成的并非具有尊卑等级结构的国家体系，在所谓“法理”上来看，商代的整体政治格局是由大小邦（方）国所组成的理论上的平等的联合体。②商邦国之于册封的邦国，其角色是为一种“大邦”而非“上邦”。商王在商邦与其他国君在其邦国一样，是本邦的最高政治元首和军事统帅，其权力来源上是源于氏族族权，而非外君授予。封邦向商邦的贡纳，更多表现为封君对商王的一种礼仪、交聘性质，而非赋税性质。在军事上的协从也表现为基于共同的安全防务需要而承担的责任，虽然这个共同体的每一个成员并非完全源于和平、自愿原则加入。

商王的权力在其本邦中可以依靠设官分职、立法制令来实现对本邦社会的全面掌控，而当面对封君则只能够约束其对自身的义务，并无力对侯国君主内务进行常规式、制度式干涉。放眼当

① 王玉哲：《西周国家的历史作用》，《历史研究》1999 年第 2 期。

② 参见杨升南：《卜辞所见诸侯对商王室的臣属关系》，载胡厚宣主编：《甲骨文与殷商史》，上海：上海古籍出版社，1983 年，第 128 页。

时的天下范围内，虽然商邦君主自称为“王”，但实际上其立法权力并没有超越本邦国的界限，只拥有施行于邦国地理范围内以及宗族人口范围内的统治权力，商的侯国在实质上只是惧于商的霸道而畏服于膝下的盟国，而非为其地方行政单位。

三、邦君权威的神化

夏、商二代相比于前代最明显的变革就是实现了君权世袭。世袭的观念虽然在夏启之前就已经出现，但没有形成绝对化的、具有某种天然正义性的制度，只是在继承制之下呈现的一种选择倾向。夏代从启至桀共发生 15 次权位传继，其中 13 次传子、2 次传弟。其中，仲康继其兄太康之位还属不得已，所以夏的权位继承很明显遵循传子原则。而商王权位传继则是以父死子继与兄终弟及两种原则混合，从汤至纣一共31次权位传继，其中14次传弟、17 次传子。

传子、传弟的世袭制度虽然确立，随之而来的一个“烦恼”就是为这种世袭的权力寻找合理性话语。对于传承自长君时代的社会思想来说，“英雄”仍然是个难以割舍的情节。对于被统治者来说，选择一个品德高尚和不朽功业的英雄来做领袖，既是一种功利结果，也是一种至高理性。就思想史的角度来看，任何的权力与权威的合理性构建，都绕不开一个环节，就是“自我证明”。例如，英雄崇拜必定建立在英雄依靠人尽皆知的某项功绩完成自我证明以后。同样的逻辑摆在世袭继位的君主面前，只不过他们选择的是求诸超社会存在的神灵，所要标榜的功绩则是与神交流。与神交流，也就是构建一种神人关系，并垄断这种神人关系，从而达到自我神化的目的。

商人的神灵信仰体系比较庞杂，朱凤翰先生将之大致分为四种类型[①]：

1. 上帝。
2. 自然神。
3. 由自然神人神化而形成的，有明显自然神色彩的祖神。
4. 非本于自然物品的祖神。

其中神格较为显赫的是“上帝”。殷商上帝信仰的对象很可能是“帝星”，即小熊座 β 星，也被称为紫微星。郭静云先生认为商人对帝星的崇拜是对源自长江流域信仰崇拜的一种吸收和转化。[②]崇拜卜辞中的“帝”具有非常广泛的权能，如“令风”[③]、“令雨”[④]、“令雷”[⑤]、“降旱”[⑥]等控制天气现象的权能，还有干涉人间生

① 朱凤翰：《商周时期的天神崇拜》，《中国社会科学》1993 年第 4 期。

② 郭静云：《殷商的上帝信仰与“帝”字字形新解》，《南方文物》2010 年第 2 期。

③ 《合集》672。

④ 《合集》14138。

⑤ 《合集》14127。

⑥ 《合集》10168。

活和人类命运的权能，例如“降祸”[①]、“降灾”[②]等。商人的“帝”具有部分至上神的特点[③]。这样一位威灵赫赫，如万物主宰的神灵，似乎是构建神人关系的最佳选择，但是“帝”的神性却并不亲民，“帝”只是盲目地施展全能。他不会因人间需要而施惠，不会受人间的祈祷而怜悯，可以说“帝”的神性是倾向无意志的。对于“帝”这样的神灵，如果君主以它的意志来神化权力，来实现自我证明，显然局限太大。也不知是殷人的偶然发明，还是源于更深远的巫卜传统，灼裂的龟甲兽骨就被当作上帝的留言笺。虽然上意下达有了通道，那么下情如何上奏呢？鉴于这位高高在上的“帝”无法实现与人直接沟通，于是商人找来了一把梯子——祖先，先让祖先上天，实现帝祖合一，再让祖先下地，完成帝王合一。[④]

商人的神灵观念中“帝”具有极高的神能，但却需要依靠祖先神来实现与人的沟通。从殷墟卜辞可见，从上甲至帝辛共 37 王，除了极少数外，绝大多数都有关于隆重祭祀的卜辞记载，被确认为祭祀先祖的卜辞共有 15000 多条，而关于帝的仅 600 多条。[⑤]这

---

① 《合集》6346。

② 《合集》14173。

③ “帝”是否属于商人信仰的至上神这一问题在学界尚有争议。本人倾向于朱凤翰和晁福林先生所持的上帝非至上神的观点。因为并无明确的证据能说明上帝与祖先神、自然神等系统的神灵存在着统属尊卑关系。商代神灵信仰整体处在一种较为原始的状态，神格模糊、神性不明的情况也属正常。

④ 李冬君：《孔子圣化与儒者革命》，北京：中国人民大学出版社，2004 年，第 16 页。

⑤ 晁福林：《论殷代神权》，《中国社会科学》1990 年第 1 期。

样的厚此薄彼一方面说明了祖先神是商人的主要祭祀、祈祷对象，另一方面，祖先神信仰也是政权意识形态构建的最主要方式。商人神灵信仰概况可见表 2–1。

表 2–1 商人诸神权能范围 [①]

神灵权能 / 主要神灵	天象（风雨雷等）	年成	“我”（商王国）	对敌方战事	王事	王自身（身体）	王以外诸贵族	王室诸妇	王室妇女生育
帝	√	√	√	√		√			
夒	√	√							
王亥	√	√	√	√	√				
上甲	√	√		√	√	√	√		
上甲以后直系先公先王	△	△	△	▲	△	△	▲	△	
旁系先公先王			△			△	△		
直系先公先王配偶或时王已故配偶						▲	▲	△	△
兄						△	△		
旧臣	△	△	△	△		▲			
√表示具有此项权能；△表示该栏内部分神灵具有；▲表示该栏内多数神灵具有									

通过表 2–1 可见，在商人的祖先信仰中，祖先能“上天”“下地”。这在卜辞中描述为“宾于帝”，王玉哲先生认为“宾”可以理解为“配”，如《大雅 · 文王》中“殷之未丧师，克配上帝”之

① 本表摘引、改编自朱凤翰先生的《商人诸神之权能与其类型》，载吴荣曾主编：《尽心集——张政烺先生八十庆寿论文集》，北京：中国社会科学出版社，1996 年，第 63 页；《商周时期的天神崇拜》，《中国社会科学》1993 年第 4 期。

记载。胡厚宣先生则直接认为祖先神宾配于帝就是在人王与上帝间起到媒介作用。[①]一方面祖先神能将人间的诉求转达给上帝；另一方面祖先神可以根据人间的需求对上帝施展的权能进行干涉。例如卜辞中有“壱雨”一词，意为破坏降雨。[②]也就是说，上帝依然忠实地降下雨水，但却能被祖先神在降雨过程中破坏掉。这样实际上是将祖先神塑造成了人间的保护神。

通过这样塑造祖先神，商王实际上获得了三种超人的身份，首先既然商人的祖先是人间的保护神，那么商王就是保护神的子裔。商王的个人生命从一开始就被赋予了神性。也正是借用这种神裔身份，商王可以在王族内部有着肆意解释祖先神意，掌控甚至胁迫族内成员的现实权能。裘锡圭先生在研究商代焚人祈雨的活动中，就发现除了战俘，也时常有社会地位很高的商王亲族被献祭给各种自然神和祖先神的事例。[③]在《墨子·兼爱》《吕氏春秋·顺民》《尸子》中有记载过商汤差一点就成了向祖先神求雨祭仪里的牺牲。其实这本身也是商王在族内权力强大稳固的根本原因。

第二个身份就是商王变身成了能与祖先神沟通的灵媒。祖先神陟降于人、帝之间，并非出于造福人间黎民黔首的目的，而是他与人间的商王具有血缘关系，才愿意充当商王与帝之间的媒介。孔子在论及商代政治得失时有这样的评价：

---

① 参见胡厚宣：《殷卜辞中的上帝和王帝（下）》，《历史研究》1959 年第 10 期。

② 朱凤翰：《商周时期的天神崇拜》，《中国社会科学》1993 年第 4 期。

③ 裘锡圭：《说卜辞的焚巫尪与作土龙》，《古文字论集》，北京：中华书局，1992 年，第 216–226 页。

殷人尊神，率民以事神，先鬼而后礼，先罚而后赏。尊而不亲，其民之敝，荡而不静，胜而无耻。[①]

“率民以事神”意指商王变成了人间的大巫首，天上的保护神只同商王进行沟通，只应答商王的祈求，借此商王实现了对神人关系的垄断，一如他对人间权位的垄断。并且通过甲骨卜辞的叙述，也能发现商王在信仰世界里地位高于专职从事祈祭的巫师，巫师作为“贞人”，仅是占卜祭祀仪式里的执行人，并无实际的神权。

第三种身份就是成为匡扶人间秩序的神法执法者。正是因为通过祖先神实现了帝—王对话，商王获得了巨大的话语解释空间。理论上他可以将一切决策都附以“神意”，将一切敌人判以“天罪”，将一切外界的质疑都抛给无声无臭、无知无识的神灵世界。例如商汤伐夏所作《汤誓》言：“非台小子敢行称乱，有夏多罪，天命殛之……夏氏有罪，予畏上帝，不敢不正……尔尚辅予一人，致天之罚。”《尚书·洪范》曰：“天乃锡禹洪范九畴，彝伦攸叙。”这段叙述直接将法律归属于天赋天赐，而人只是“天工”的代工人。从而“法由神制——罪由神判——刑由人罚”的逻辑线也就形成了，但这个逻辑体系似乎还是不够绝对，因为“人罚”毕竟不能无缝解释神法的存在，所以还有“神罚”思想作为补充而存在。《微子》中父师对微子说：“天毒降灾荒殷邦，方兴沉酗于酒，乃罔

① 《礼记·坊记》。

畏畏。”即违背了神法，就算没有人来代神刑责，神也会直接用降灾的方式警示、惩罚。

关于“神罚”最著名的莫过于“武乙射天”的传说。《史记·殷本纪》:“帝武乙无道，为偶人，谓之天神。与之博，令人为行。天神不胜，乃僇辱之，为革囊，盛血，仰而射之，命曰射天。武乙猎于河渭之间，暴雷，武乙震死。”国家之大莫如商，人间之尊莫如王，就算这般也逃不脱神法神罚，所以商代国家的法律通过与帝、祖等超自然存在进行捆绑的同时也完成了其合理性的构建。[1]

小　结

邦君型君权是古代中国君主权力形态发展的重要一环，它脱离了以英雄功勋为前提的权威形象，实现了血缘世袭的传继原则。通过与祖先神灵勾连，邦君权力实现了神化。邦君作为世俗权力形象，是一位统治大邦、威服小邦的天下霸主；作为神圣权威形象，他又是祖先保护神之子，是率民事神的巫首，是口含神法的圣裁。这一切权力与意识形态的构建使邦君权能在其邦国范围内实现极大的强化。

① 商人并无对“天”的信仰，武乙于周人的河渭地带死于雷击，这极有可能是周人附会的叙事。

然而前文提到，邦君是一种存在于“主权聚合型复合体制”国家的君主。他的权力根基仍然仰赖本邦本族的经济与军事。在这种体系下，商邦对邦国联合体的其他邦国有先入为主的防范之心。加之邦君的神圣权威形象主要依靠具有明显血缘倾向的祖先神来构建，这个特质在强化邦君在本邦权威的同时，也消解了邦君实现跨邦国统治的可能。在邦君时代，若无法解决与不同血缘渊源的宗族在文化、血统方面的融合困难，就注定无法突破权力扩张的瓶颈。唯有一次彻底的革命，才能打破这邦国联合的社会形态，也唯有一次深刻的思想与制度改革，才能让君权的发展进入下一个历史阶段。

第三章

王君：天下共主与天之元子

时迈其邦，昊天其子之。

实右序有周，薄言震之，莫不震叠。

——《周颂·时迈》

“商周易代”不是简单的置换式的政权变革。周武伐商也不是一次简单地以军事打击为唯一手段的革命。作为商的侯国，“小邦周”畏惧于“大邑商”的淫威，但也看得到它的虚弱。它崛起于商代的国家形态之下，也认识到这种国家形态所面临的窘迫。商、周两个政权在对全社会资源进行整合、支配的过程中所表现出的威慑力和强制力归根到底都是仰赖军事优势，但支配以恐惧，远不及支配以敬畏。完全依凭自身的牵拉力，则不如驯化出诸侯的向心力。而且出于对“翦商”行为的合法性解释，姬周政权在宗族机制、国家结构、社会思想等方面进行了一系列制度改革和话语构建。王国维在《殷周制度论》中曾言：“中国政治与文化之变革，莫剧于殷周之际……欲观周之所以定天下，必自其制度始矣。周人制度之大异于商者，一曰立子立嫡之制，由是而生宗法及丧服之制，并由是而有封建子弟之制、君天子臣诸侯之制……皆周之所以纲纪天下。”[①]周之立朝是国家与社会关系的又一次重组，也是君权由邦君向王君的转型。在此将周初分封制的施行视作社会组织形态与意识形态的一个切点，在切分邦君与王君这两个君主权力与思想形态的同时，也开启了君权与国家发展模式的新阶段。

第一节　周的崛起与翦商

自周始祖弃至姬发，周族经过十六世的传继发展在约前十一世纪代商立朝，其权位传承表现出非常明确的父死子继原则，这一点与商族的兄终弟及传统有所差异，而且先周传说中的周族人以善稼穑而闻名，这一点也同长于驭马养畜的商人有所差异。总体认为，商周两族在漫长的发展中是高度独立的状态，至晚在武丁时代，两族因为经济和政治的“接壤”呈现出非常频繁的摩擦，其间亲疏颉颃、龃龉不断，但在文化层面又有相当程度的合流。李学勤先生在对比过殷墟甲骨和周原甲骨后认为两族文化“同多异少”[②]。周邦毫无疑问是晚商时代举足轻重的一方势力，也是旧制

---

① 王国维：《殷周制度论》，载《观堂集林》，石家庄：河北教育出版社，2002年，第287页。

② 李学勤：《周文王时期卜甲与商周文化关系》，《人文杂志》1988年第2期。

度土壤中孳育出来的破局者。

一、先周历史的发展

周族的祖先名弃，父亲是帝喾，母亲是有邰氏的姜原。[①]周弃的出生就颇具神话色彩，循《史记·周本纪》之载：

> 姜原出野，见巨人迹，心忻然说，欲践之，践之而身动如孕者。居期而生子，以为不祥，弃之隘巷，马牛过者皆辟不践；徙置之林中，适会山林多人，迁之；而弃渠中冰上，飞鸟以其翼覆荐之。姜原以为神，遂收养长之。初欲弃之，因名曰弃。

太史公所记之史源应是《大雅·生民》所记："诞寘之隘巷，牛羊腓字之。诞寘之平林，会伐平林。诞寘之寒冰，鸟覆翼之。鸟乃去矣，后稷呱矣。实覃实訏，厥声载路。"此虽为神话，但可以视为真实的周人对自己族源的认识。周弃自小就表现出了对于稼穑之事的兴趣和技能天赋。"及为成人，遂好耕农"[②]，后被帝舜赐为农官[③]，受封于邰地，故而周弃亦号"后稷"，象征着周弃所具有的善于耕植的"英雄"内质。

---

① 《周本纪》曰："周后稷，名契。其母有邰氏女，曰姜原。姜原为帝喾元妃。"《史记》卷4《周本纪》，第145页。

② 《史记》卷4《周本纪》，第146页。

③ 《尧典》曰："帝曰：'弃，黎民阻饥，汝后稷，播时百谷。'"

后稷死后，其子不窋继承了农官职位。不窋末年被夏后氏免去了官职，而后不窋迁徙于戎狄之间。对于这样变故，周人的解释是“夏后氏政衰”。不窋失官、迁徙于戎狄、夏后氏政衰，这三个条件或许可以有更多的因果组合。许倬云认为所谓“不窋失官”并非夏后氏免除了不窋的农官，而是不窋时代周人开始放弃以耕植为主的生活方式，转而倾向于“戎狄”式的生产生活。[①]其实这种情况并非个例,《秦本纪》所载秦人的先祖就有“子孙或在中国，或在夷狄”[②]的情况。周人重新回归到以农业为主的生产方式大概是在公刘时代。因为重拾农业，周人的物质生活开始变得相对丰富。《史记·周本纪》曰：“行者有资，居者有畜积，民赖其庆。”[③]《大雅·公刘》也有记载：“笃公刘，匪居匪康。迺埸迺疆，迺积迺仓。迺裹餱粮，迺橐迺囊。”就是在歌颂公刘时代周人逐渐吃上了饱饭。

公刘死后，在其子庆节的时代，周人迁居豳地。再经皇仆、差弗、毁隃、公非、高圉、亚圉、公叔祖类后，至古公亶父立。古公在周人历史上是一位极其重要的人物，被后世周王追封为“太王”。他积德行义，国人仰慕爱戴。当时豳地遭到了熏育戎狄的攻击，古公不得不在守土抗敌和弃土避战两个方案中做出抉择。虽然族人们都渴望守家护土，但古公面对族人群情激愤的请战时却说：“有民立君，将以利之。今戎狄所为攻战，以吾地与民。民之

① 许倬云:《西周史》，北京：生活·读书·新知三联书店，2012年，第52页。

② 《史记》卷5《秦本纪》，第224页。

③ 《史记》卷4《周本纪》，第147页。

在我，与其在彼，何异。民欲以我故战，杀人父子而君之，予不忍为。”[①]随后周人举族举国跟随古公迁居，并选择在岐地营筑城邑定居下来。古公死后，季历继位。季历时代，周在对戎狄的战争中获得了一系列的胜利，这一时期是周邦国力快速恢复期、上升期。季历之后再经姬昌、姬发二君的经营，周邦的德誉天下尽知，这一时期周的影响力甚至有“三分天下有其二”[②]，并最终在武王姬发时代实现了翦商称王。

二、商周关系与武王翦商

周人在公刘时代重拾农业生产，自此物资富足，百姓迁聚。太史公评价“周道之兴自此始”[③]。公刘时代大概对应的是商的“九世之乱”末期，在盘庚迁殷之前。此时的商邦应处于无暇他顾的状态，这一时期未见周邦与商发生接触的证据，相应地可能也就较少受到干涉和压迫。

后来古公迁居渭河流域的岐下之地。1977 年周原考古队发现了岐邑周人的宗庙建筑遗址以及大量的西周甲骨文，较为著名的是文王时期周原岐山凤雏村遗址、成王和康王时代的周原扶风齐家村遗址、西周前期的周公庙遗址等。证实了当时岐邑的中心就

① 《史记》卷 4《周本纪》，第 148 页。
② 《论语·泰伯》。
③ 《史记》卷 4《周本纪》，第 147 页。

在今天岐山凤雏村一带[①]。周人自此开始在这一地区与商人发生了接触。据推测，古公迁居岐地大约是商王武丁时代，通过对凤雏村出土的西周甲骨的研究，证实周在武丁时代就已经是商的侯国。有卜甲记载“贞：王其皋又（佑）。大甲，晋周方白（伯）”，意即“王”祭祀商先王太甲，太甲告周方伯丰年厚足。由于除此凤雏村甲骨，非商子孙祭祀商先王的情况没有被发现过，所以关于这个“王”到底是周君还是商君，学界是存有争论的。比如李学勤认为，凤雏甲骨中的“王”应是指商王，而非周君。[②]范毓周也认为周原卜辞中的“王”应是商王帝辛。[③]王宇信也持此说，并强调“我国古代一族是不能祭祀外族的祖先的”[④]。既然是商王所卜，那么就意味着商王来到了周地。[⑤]《史记·殷本纪》也有记载：“武乙猎于河渭之间”[⑥]，而在殷墟甲骨中，也确有商王在周地狩猎的记录：

> 己未卜，内贞：周畄，毕（擒）？（《合集》10976 正）
>
> 癸□□，穷贞：周毕（擒），犬延濡？（《合集》14755）
>
> ……周，弗其毕（擒）（《合集》14755）

---

① 参见陕西周原考古队：《陕西岐山凤雏村西周建筑基址发掘简报》，《文物》1979 年第 10 期。

② 李学勤：《西周甲骨的几点研究》，《文物》1981 年第 9 期。

③ 范毓周：《试论灭商以前的商周关系》，《史学月刊》1981 年第 1 期。

④ 王宇信：《试论周原出土的商人庙祭甲骨》，《中国史研究》1988 年第 1 期。

⑤ 以郭静云等学者为代表的一种观点认为，周族与商族血缘很近，本为同源，所以周邦君主也可以祭祀商邦先祖。商周两族异血异缘的说法乃是周武革命后为了构建权力合法性而刻意与商族剥离血缘关系所致。

⑥《史记》卷 3《殷本纪》，第 134 页。

虽然凤雏甲骨未必是武乙卜后所留，但商王在河渭地区活动是存在的，也能进一步证明周已经成为商的册封国。

古公之后继立的是其子季历，与之同时代的商王为武乙。《古本竹书纪年》有载："（武乙）三十四年，周王季历来朝，武乙赐地三十里，玉十瑴，马八疋。"周邦在当时可能是商的重要服属力量，颇受商王武乙亲重。季历时代周邦取得了一系列对戎狄的战争胜利，连破西落鬼戎、余无之戎、始呼之戎、翳徒之戎。[①] 也许是周在这一时期国势太盛，使得季历后来被商王文丁囚禁而死。[②] 季历被杀说明周邦当时在商王眼中已经被视作威胁。文王姬昌继位后入商为官，官至三公，有资格参加商邦的宗庙、受胙之礼，甚至还亲自主持过成汤、大甲、武丁等商先王的祭祀之礼，无疑地位尊崇。然而周君的这种地位是不稳定的，作为祖神信仰下的异祖之裔，周君的地位只取决于商王对周君的信任程度和商周军事力量的对比。基于殷墟甲骨和周原甲骨的记述，武丁以来商周的关系数次变化，反映的就是这种在军事威压下畏服而不臣属的联盟关系。所以周文王也曾因崇侯虎的几句谗言就被商王投入监狱，幸由其臣下通过贿赂纣王才获救。这无疑会进一步激化商周间的矛盾。同样是在凤雏村出土的一片卜甲中有"癸自（巳），彝文武

① 参见《古本竹书纪年·殷纪》武乙三十五年至太丁十一年条。

② 《吕氏春秋·首时》曰："王季历困而死"；《古本竹书纪年》曰："文丁杀季历""文丁杀周王"。

帝乙宗。贞：王其邲祭成唐”[①]，这里显示“王”在祭祀文武帝乙宗和成唐，即商王帝乙和成汤。考虑到帝乙的功绩并不显赫，卜辞却将他与成汤并提，而且帝乙之后的商王也只有纣王了，所以这就极有可能是商纣王在姬昌迁都丰邑之前来到岐地祭卜之后留下的。纣王来到周地是何意图？若此事发生时间是在囚禁姬昌之前，那一种合理的揣测就是出于警觉以观周君之忠奸。姬昌在出狱后，反而取得了纣王的信任，被授予“西伯”的称号，还获得了征伐诸侯的资格。此后他接连讨伐犬戎、密须、耆国。“耆国”，《正义》又作“黎国”[②]，地望于晋东南地区，已经非常接近豫北的商都了，这引发了祖尹大恐，然而纣王仍没有意识到威胁的迫近。伐耆后，姬昌还讨伐进谗害他入狱的崇侯虎，在他去世前一年，还将周都迁至丰邑。《大雅·文王有声》载：“既伐于崇，作邑于丰。”至此，商周未战，胜负已分。

姬昌死后，其子姬发继位。九年，在盟津集结部队和盟军准备伐商，“诸侯不期而会盟津者八百诸侯”[③]，然姬发以“未知天命”为由终止了行动，至于原因至今已难考证。笔者认为姬发伐商，有着众多盟军参与，协调指挥势必存在龃龉。此次“观兵盟津”就是一次演习，而且通过这次真实的“演习”可以看清有哪些诸侯首鼠两端有背盟的可能。另外，观兵盟津也有切断参战诸侯退路的

① 陕西周原考古队：《陕西岐山凤雏村发现周初甲骨文》，《文物》1979年第10期，第39页。

② 《史记》卷4《周本纪》，第153页。

③ 《史记》卷4《周本纪》，第156页。

意味，因为周邦实力强大，伐商只是时间问题，不会过于惧怕商的反戈，但对于其他参战的诸侯来说，这样一次“演习”等于为商纣提供了一份容易叛变的危险分子名单，以至于未来他们无路可退，只能坚定地参与伐商。诚然，以上都只是猜测。“观兵盟津”第二年，姬发再次兴兵伐商，兵至商郊牧野，为勉励将士发表战前动员《牧誓》，他说道：

曰：“逖矣，西土之人！”

王曰：“嗟！我友邦冢君，御事：司徒、司邓、司空，亚旅、师氏，千夫长、百夫长；及庸、蜀、羌、髳、微、卢、彭、濮人。称尔戈，比尔干，立尔矛，予其誓。”

这里的参战诸侯只有庸、蜀、羌、髳、微、卢、彭、濮八支。早前观兵盟津的“八百诸侯”显然是有夸大成分。誓师后周联军与商军发生牧野大战，《大雅·大明》形容：“牧野洋洋，檀车煌煌，驷騵彭彭。维师尚父，时维鹰扬。涼彼武王，肆伐大商，会朝清明。”《周本纪》记载：“纣师虽众，皆无战之心，心欲武王亟入。纣师皆倒兵以战，以开武王。武王驰之，纣兵皆崩畔纣。”兵败的纣王自焚而死。牧野之战第二日，姬昌来到商社之南，向商邦百姓正式宣告自此周邦代商。

第二节　周代“主权分享型复合体制”国家的形成

“小邦周”以商邦的侯国身份，名曰行天之罚，实则僭越叛主地推翻了商政权的天下霸主地位。商王从最高权位跌落，沦为周王的服属。周在攀居高位之后，必然能够意识到自己的进阶道路也可能会转化为未来的覆亡道路，所以周室最紧要的任务便是对天下邦国进行结构性改造。

本书第二章谈到，商代国家从构成形态上看，呈现为一种邦国联合体的形态，从国家权力构成形态上看，呈现为一种“主权聚合型复合体制”国家。在这种权力结构下，商邦国是作为一种大邦姿态，依靠自身经济和军事优势来维系邦国联合体的内部秩序，而在联合体这一层次的组织上，并没有出现强有力的，以联合体整体利益为执政出发点的权力机构。外邦侯伯出任商邦的官职，更像一种形式上的调派。例如“小邦周”时代的季历、姬昌二君，在商王眼中只是想杀就杀、想抓就抓的“鱼肉”罢了。然而在这种体系下，一旦商邦威势衰弱，或者众多邦国群起伐之，商王所得结果只有身死国灭。从武王至成康之世，周室集中开展了诸多制度与思想建设，从而一改商制，走向了“主权分享型复合体制”国家。

一、宗法：对宗族组织原则的创新

宗法制，也称宗族内部的宗子法，是一种固定化的、制度化的宗族组织方法。在姬周政权翦商分封后，这种制度成为各封国的标准化体制。宗法制度的基本原则是以周王为姬姓最高宗族族长和周邦元首。周王位由周武王及他的每一代嫡长子继承，即“立嫡以长不以贤，立子以贵不以长”①。此一系是为姬周“大宗”。嫡长子之外的其他嫡出、庶出子嗣均为“小宗”。姬周小宗若就封外国，则在其封国内是为大宗，其君位亦由嫡长子继承，其众嫡、庶子均为封国小宗。

周代的宗法及分封制度作为一种宗族组织原则，存在三个显性功能。首先，宗法制度明确了一个宗族该如何分族立宗；其次，它明确了宗族中的大宗与小宗、本支与旁支的尊卑关系；最后，宗法制度明确了权位与财产的继承归属。宗法原则用于继承归属的主要表现就是“嫡长子继承”，这种权力传继方式虽然在商末的商王继承原则中就已经出现，但未形成固定的、严格的制度。在多妻婚配习俗下，这种以嫡出长子层层为贵的宗法制很可能是周人为自己量身定做的一套宗族秩序。“嫡”与“长”是宗法原则中的两个关键字，本来“长子为大”的思想确有其合理性，因为通常长子相比于其他小子更早成年，也就更早拥有率领族众劳动、

① 《公羊传·隐公元年》。

战争的能力，再进一步思考就是长子能最早拥有继承父亲的氏族、家族族长权位的素质。所以长子继承制是一种从经验走向习俗，从习惯法发展为制度法的事物。

一种制度或者习俗都是有着其历史渊源的，抑或是因现实需要而被附会以一些历史渊源。带着这种可能，我们将视野上溯看《大雅・生民》所载："厥初生民，时维姜原。生民如何？克禋克祀，以弗无子。"可见周弃的出生解决了姜原之前无子的忧虑，故而说明周弃乃是其母姜原所生的第一个儿子。弃为其母所产首子，而对于其父来说并非长子。根据《史记》前四卷的记载看，帝喾实际上有四个儿子，分别是帝挚、帝尧、周弃、商契。挚与尧先后登长君位。周弃成年并被尧任命为农师的时间最晚是在尧践天子位第九十年，受封于邰则是到了帝舜时代。契因佐助大禹治水有功，受帝舜封于商则至少是帝舜继长君位十三年后，算上帝舜代尧摄行天子的八年和尧丧三年，弃受农师和契受封于商的时间相距在二十四年以上。故而，我们可以推测周弃乃帝喾第三子、契为四子。这种传说显然不能为宗法制的嫡长子继为大宗所服务，好在周人发现或自造了另两个标准因数：

周后稷，名契。其母有邰氏女，曰姜原。姜原为帝喾元妃。（《史记・周本纪》）

殷契，母曰简狄，有娀氏之女，为帝喾次妃。（《史记・殷本纪》）

这两段记载显示，周弃相对于商契乃是嫡庶之别，出身方面高出了一层，甚至高过了挚与尧。在有关商、周先世传说中，简狄乃是吞玄鸟之卵以生商契，姜原乃是践踩了帝（巨人）的足迹以生周弃。两位母亲生子似乎都和父亲没什么关系，这大概是在知母不知父的母系氏族社会中存在的婚媾情况，而多妻多妃则只能存在于父系氏族社会中。出现这样的矛盾就很难令人相信其原始性了，其间必然是存在一定程度的历史书写，但周祖为嫡长子一说，不仅有利于解释周代商立，也对宗法制的推行有积极作用，周人也就乐见其所了。

嫡长子继为大宗即为周王，而小宗如果就封封国，其在封国政权范围内也享有族权上的至高地位。实情也确如此，大宗子在宗族内的权力是极大的，例如春秋时有楚国欲将俘虏的晋国公子知罃放还回国，知罃则对楚王说："若从君之惠而免之，以赐君之外臣首，首其请于寡君，而以戮于宗，亦死且不朽"①，意思是知罃回国后，即使晋国国君饶他不死，其宗子荀首还是有将他在宗庙中杀死的权力。还有赵鞅私刑邯郸午一例②，都表现了大宗子对小宗成员所拥有的生死处置大权。即"封略之内，何非君土？食土之毛，谁非君臣"③。

宗法制本是姬周宗族的一套自我秩序原则，但实际上非姬

① 《左传·成公三年》。

② 《左传·定公十三年》："赵孟怒，召午而囚诸晋阳。使其从者说剑而入。涉宾不可，乃使告邯郸人曰：'吾私有讨于午也，二三子唯所欲立。'遂杀午。"

③ 《左传·昭公七年》。

周宗族也被要求依宗法制进行宗族改造。循《左传·定公四年》之载：

> 分鲁公以大路，大旂，夏后氏之璜，封父之繁弱。殷民六族：条氏、徐氏、萧氏、索氏、长勺氏、尾勺氏。使帅其宗氏，辑其分族，将其类丑，以法则周公。

可见至晚在周公执政时代，一部分商族遗民被拆分划入鲁国，同时被鲁君进行了强制性的宗法改造。其他的商族也差不多“疆以周索”。这种宗法制改造对于异姓宗族来说颇有压迫色彩，但其实对于异姓封君或族长来说，他们自身因位居“大宗”而获得的权力和权威恰恰是由宗法制度保护的，也就成为宗法制度的得益群体。出于维护自身权位的考量，他们会自发地尊奉周王为族外的“大宗”。假若他们有叛周的企图，就意味着要先打破维系自身权位的合法性。

宗法制度最为显著的社会功用就是明确权利继承，但实际上其最根本的思想基础却是明确尊卑秩序。所以宗法制度一方面可以视为宗族组织内部的一种族权分享机制，另一方面它明确了分享者与受享者的权利范围与程度。

二、分封：对封国权力形态的重建

所谓“主权分享”最核心的含义就是将代表经济权利的，对人口的治权进行分享，并依靠常制性贡赋、临时性征发、义务性调付等方式进行利益回索。基于这样的意义，周代的分封制度就是宗法制度这种族权分享机制在政权层面的逻辑延伸。周之分封在表面形式上是商之“册封”的发展，但就该制度的思想内质来看，却是一种全新的制度设计。

《左传·桓公二年》记载了一段鲁卿师服的言论，他说：“吾闻国家之立也，本大而末小，是以能固。故天子建国，诸侯立家，卿置侧室，大夫有贰宗，士有隶子弟，庶人、工、商各有分亲，皆有等衰。”师服所言正是对分封目的和手段的高度概括，借制度以构成“王臣公，公臣大夫，大夫臣士，士臣皂，皂臣舆，舆臣隶，隶臣僚，僚臣仆，仆臣台”的权力结构形态。[①] 姬周翦商以后，特别是周公东征平定了武庚和三监叛乱后，开展了大规模的“封邦建国”。分别对上古先贤后代、姬周小宗以及已臣属周的原商封国进行三种不同性质的分封。第一种是针对古圣先王后裔的褒封：

武王追思先圣王，乃褒封神农之后于焦。黄帝之后于祝，帝尧之后于蓟，帝舜之后于陈。(《史记·周本纪》)

《公羊传·隐公元年》何休注曰：“有土嘉之曰褒，无土建国曰封。”受褒奖封的封君承袭的是其本来的土地与人民，这类封君权

① 董恩林：《论周代分封制与国家统一》，《华中师范大学学报（人文社会科学版）》1998 年第 5 期。

位本源是出于宗族内部，实质上并不存在“受民受疆土”[1]的行为。故而这种类型的分封更像是新朝对固有邦国君主权位的再认证。

第二种是针对在翦商战争中追随周人伐商的友邦。这类友邦国也称“服国”，《逸周书·世俘》曰：

武王遂征四方，凡憝国九十有九国，馘磿亿有十万七千七百七十有九俘，人三亿万有二百三十，凡服国六百五十有二。

与先贤后裔一样，周王室对服国的分封不具有“受民受疆土”的本质，而是对其固有权力、人民和领地进行一次新册命。

第三种是针对姬姓宗亲贵族、异姓姻亲贵族以及翦商功臣后裔的分封：

昔武王克商，光有天下。其兄弟之国者，十有五人；姬姓之国者，四十人。皆举亲。（《左传·昭公二十八年》）

昔周公吊二叔之不咸，故封建亲戚，以藩屏周……捍御侮者，莫如亲亲，故以亲屏周。（《左传·僖公二十四年》）

举亲以屏周，正因为分封亲戚有着如此重大意义，这一类分封也是周王室最为重视的。这体现于以下两点：（1）这一类封国多在远离宗周、成周的边陲地区和军事要地，例如鲁、燕、蔡、卫、

① 《大盂鼎》：“夙夕召我一人烝四方，于我其遹省先王受（授）民受（授）疆土。”

晋、齐以及用以节制荆楚的“汉阳诸姬”等；（2）在平定武庚、三监叛乱后有意地将殷人宗族化整为零，归入这一类封国中。如将条氏、徐氏、萧氏、索氏、长勺氏、尾勺氏这“殷民六族”分封给鲁国；陶氏、施氏、繁氏、锜氏、樊氏、饥氏、终葵氏这“殷民七族”分封给卫国；以及将跟从作乱的怀姓九宗划给晋国管制。

除了在分封原则上就充分考虑到大宗与小宗权位维稳需求，周君还设立了丰富且严格的封国管理与节制手段。首先在分封礼仪方面，受封封君除了接受人民、疆土外，还有一系列的象征封国治权、法权的礼器、彝器，即所谓：“奉之以土田。抚之以彝器。旌之以车服。明之以文章。”[①] 在《左传·定公四年》中有关于分封鲁公、康叔、唐叔的详细叙述：

昔武王克商，成王定之。选建明德，以藩屏周。故周公相王室以尹天下，于周为睦。

分鲁公以大路、大旂、夏后氏之璜，封父之繁弱。殷民六族：条氏、徐氏、萧氏、索氏、长勺氏、尾勺氏。使帅其宗氏，辑其分族，将其类丑，以法则周公，用即命于周。是使之职事于鲁，以昭周公之明德。分之土田倍敦，祝、宗、卜、史，备物、典策，官司、彝器，因商奄之民，命以伯禽，而封于少皞之虚。

分康叔以大路、少帛、綪茷、旃旌、大吕。殷民七族：陶氏、施氏、繁氏、锜氏、樊氏、饥氏、终葵氏。封畛土略，自武父以

① 《左传·昭公十五年》。

南及圃田之北竟，取于有阎之土以共王职，取于相土之东都，以会王之东搜。聃季授土、陶叔授民。命以《康诰》，而封于殷虚。皆启以商政，疆以周索。

分唐叔以大路、密须之鼓、阙巩、沽洗、怀姓九宗，职官五正。命以《唐诰》，而封于夏虚，启以夏政，疆以戎索。

以鲁、康、唐三公均受赐的“大路”来说，“大路”即《周礼》所载之“金路”，乃以铜饰车中各零件之末者，王子母弟出封国以赐之。[①] 用以象征封君在封国中的大宗地位。再如大旂、少帛、綪茷、旃旌均为封君旗帜；大吕、密须之鼓、沽洗为宫廷乐器；繁弱、阙巩为象征军事权力的兵器，均为应“礼”“乐”所象征社会制度与意识形态，在封国政权的形下器物层面昭示其权力乃“即命于周”，从而实现其形上之道的精神内化。

除了政治意识方面的强化手段，当然还少不了实打实的羁约手段，这部分以周王的“巡守”制度和诸侯的“述职”制度为主要表现：

天子适诸侯曰巡狩，巡狩者，巡所守也。诸侯朝于天子曰述职，述职者，述所职也。无非事者。（《孟子·梁惠王下》）

天子适诸侯曰巡狩，诸侯朝于天子曰述职。（《孟子·告子下》）

---

① 杨伯峻编著：《春秋左传注》（修订本），北京：中华书局，2014年，第1536页。

王巡虢守。(《左传·庄公二十一年》)

天子非展义不巡守。(《左传·庄公二十七年》)

诸侯春秋受职于王以临其民。(《国语·周语上》)

若节春秋来承王命。(《左传·僖公十二年》)

是故先王制诸侯，使五年四王、一相朝。终则讲于会，以正班爵之义，帅长幼之序，训上下之则，制财用之节，其闲无由荒怠。(《国语·鲁语上》)

相比于商代的“册封”，周初的分封具有规模庞大、制度成熟、历时较短的特点。商之册封是伴随其武力征伐的脚步而缓渐式进行的，在性质上有商邦与册封国双方缔结协约色彩，带有随意性、临时性。而周之分封是在已经天下大定的环境中全面开展的，是有长期战略规划的一项重大制度实践，是宗周单方面推进的制令式分封。这样深远的改革之所以能顺利施行，其中的一个主要原因就是周初分封是以同宗亲戚为主要对象，在宗法制度的凝聚下，姬姓封国对宗周有着很强的向心力，从而起到周王权力的中流砥柱作用。其实不仅仅是亲戚之国，上段所述第一、二两类的封国在受封后也开启了与周王邦和姬姓封国一样的制度层面同质化进程，即在宗族组织原则上奉行宗法制，封国职官的设置和任选也遵从周王的安排。封国内施行世卿世禄，封君依制将土地封赏给卿大夫作为采邑。在分封观念的出发点上，从《左传·定公四年》苌弘所言，鲁公受封，乃是“职事于鲁”；康公受封，亦为“供王职”可见，周之封君与其说是接受了册命的君主，不如说是具有相当自治权力的王室职官，其权力的根本来源是大宗赐予，而非本族源出。同时周王还对众多封君进行等级划分，《礼记·王制》载："王者制爵，公侯伯子男凡五等。"由是而为封君之间制造了无统属关系的位阶差，这种位阶差使得封君群体相互之间产生了利益分化，实现了姬周"强干弱枝"的统治策略。

周初以宗法原则为基础的分封制是基于商代册封体系的一次重大改良。做个不恰当的比喻，商代的邦国联合体各邦国相互间好似兄弟之国，而周代的周王国与诸封国间的尊卑形态就好比"父子之国"。虽然周之封君在其封国内仍然拥有高度自治权力，但其权力形态已经具有从属于中央政府的地方政权的性质。就结果而言，这项改革无疑是成功的。商代的册封体系使商王权力呈现一种二元结构，一层是作为子商宗族的族长而拥有结构性、制度性权力的宗主；另一层则是作为诸多邦国组成的政治军事联合体的霸主。其宗族族长与邦国联合体邦君两个权力身份在权力和权威表达机制上并未形成统一。一个是以血缘亲情和共同精神信仰维系的，另一个是以武力霸权约束的。伴随子商政权的衰落以及姬周政权的崛起，象征着天下最高级社会组织权力的宝座归属发生了转移。新的当权者果断将"邦君"式霸主权位进行了改造。以宗法制这样的宗族伦理融入了邦国间的政治认同，与此同时原本的血缘上的"亲亲"，也就自然而然地等量转换为政治上的"尊尊"，使得周王与封君之间的忠逆关系成了宗族亲疏关系的放大版，在家、族、邦、国的多权力层次中实现了"家国同构"。

三、分社："天下王有"观念的再次强化

姬周统治者通过分封，实现了对下级政权组织的改造，其本质是以授予相应区域治权的方式授予该地区封君以经济专擅权力。古代中国各个历史阶段莫不为农本经济，周代的社神信仰，就是以土地为对象、以经济诉求为核心的神灵观念和祭祀体系。从五帝时代至西周，社会生产力不断发展，政治权力实体也从前国家形态的酋邦式，步入早期国家形态的邦国式，其所谓"实体"之"实"也由以人为实，逐渐转化为以地为实，从社会组织形态的视角来看，这个过程可以被描述为氏族解体和民族形成。比较明显的表象就是夏代的邦国、部落往往被称为"某某氏"，此乃以氏为国；而至周代则转变为以国为氏。称谓之变体现的是人、地本位的转变。伴随着这种变化，社神的崇拜与祭祀也就脱离了纯粹的经济诉求，开始赋予了政权意味。

所谓"皇天后土"，"后土"又称"社"。社是与帝相对应的，分属天、地两界的神灵。《说文》记载："社，地主也。"《周礼·大司乐》则有："土示，五土之总神也，即谓社。"明确可考的对社神的祭祀可以追溯至商汤时代，系于1953年郑州二里岗西北部考古发掘工地所采集的一块带有刻辞的牛肋骨所示。[①] 商代卜辞中的社

① 常玉芝：《商汤时期的祖先崇拜与社神崇拜》，载宋镇豪主编：《甲骨文与殷商史》，上海：上海古籍出版社，2013年，第85–88页。

神写称“土”，实即为“社”，传世文献中的“土”与“社”乃可通用，如《商颂·长发》载：“天命玄鸟，降而生商，宅殷土茫茫”；《史记·三代世表》作：“殷社茫茫”；《公羊传·僖公三十一年》记：“诸侯祭土”，何休注曰：“土谓社也”；《汉书·郊祀志》亦有：“社者，土也”。社神本为土地之神，其偶像是以土地为想象幻化的，为社神设立神主和祭祀场所之事称“立社”。《白虎通·社稷》曰：“封土立社，示有土尊。”《祀典》亦言：“土地广博，不可遍敬，故封土以为社而祀之。”意以某种方式为一方地块进行标记，此即祭祀社神的神坛了，这个神坛被认为是社神的灵魂栖息所在。关于标记物则有不同的选择，根据《论语·八佾》的记载：“夏后氏以松，殷人以柏，周人以栗。”而《淮南子·齐俗训》则曰：“有虞之祀，其社用土；夏后氏其社用松；殷人之礼，其社用石；周人之礼，其社用栗。”

至于祀礼我们在此不做深究，但可以明确两点：第一点，社神的神格具有血缘属性或地域性，它是在相似的宗教诉求中发展出来的具有近似神性的血缘氏族之神或氏族领地之神，而非普世天下之神；第二点，虞、夏、商、周各以不同的方式标记社神神主，代表着社神信仰在不同血统渊源的人群中的发展轨迹是呈现相对独立状态的。《汤誓》中记载：“汤既胜夏，欲迁其社。不可，作《夏社》。”司马迁援引此条录于《殷本纪》，《集解》引孔安国言：“欲变置社稷，而后世无及句龙者，故不可而止。”“言夏社不可迁之意。”这里可以明显意会出夏人之社与商人之社并不等一视之，夏社仅仅是夏人的信仰，而商人并不对其崇拜。只是考虑到夏后氏遗民的情感，顾于政权稳定而没有贸然迁毁其社。夏社虽存，但商王还是要另立“商社”的，《甘誓》有：“弗用命，戮于社，予则孥戮汝。”虽然所言是夏启征伐有扈之誓，但该句与《汤誓》中的“尔不从誓言，予则孥戮汝，罔有攸赦”如出一辙。普遍认为，《汤誓》乃是商代遗文，那么《甘誓》此句很有可能就是商人依商社之状而追述，且考古证据也无可辩驳地证明了商代确实存在专属的社神祭坛，这样一来，商代应该至少呈现夏社与商社并存的情况。

商周易代之前，周人也有自己的社，《大雅·绵》中有“迺立冢土”的记载，“冢土”释为“大社”，故为周族在古公亶父时代就已拥有自己的社神信仰。《史记·周本纪》载：“其明日，除道，修社及商纣宫。”一如商汤灭夏，周武翦商后也没有发生破坏商社的行为，反而修缮了商社。

社神信仰的多样性还表现于社神配祭者方面。《周礼·大宗伯》载：“以血祭祭社稷。”郑玄注曰：“社稷，土谷之神，有德者配食焉。”社神原本是土地的崇拜，“封土立社，示有土尊”[①]观念上的崇拜主体是土地，祭祀仪式上是以石、木为标记的土封作为神灵的象征。随着时间演进，一些祖先神灵开始与社神相配祭祀。“配祭”也称“配食”，配祭可以理解为天地神祇因不能直接与人沟通，而以某位功德伟大的祖先神在人神之间担当桥梁，以实现天、地、人的交流。例如善治水土的大禹、开疆拓土的相土、长于稼穑的

---

① 《白虎通·社稷》。

后稷。这三人的功绩都被认为与社神权能相关，故而得以土谷之德配祭土谷之神。《礼记·祭法》也有相关叙述："夫圣王之制祭祀也，法施于民则祀之，以死勤事则祀之，以劳定国则祀之。"故而只有功绩赫赫之人才有资格配祭社神。《淮南子·氾论训》曰："禹劳天下，而死为社。"高诱注曰："劳天下，谓治水之功也。托祀于后土之神。"这里的"托祀"也是配祭，意即夏社乃是以大禹配祭，大禹平治水土，功绩无二，故而配祭社神。而商社则是以先商时代的相土来配祭。传说相土是商人始祖契的孙子，相土之所以称谓有"土"，乃其可配社而祭。商政权在他领导时代，实现了国家权势的大发展，在《商颂·长发》有记载："相土烈烈，海外有截。"可见相土时代是商人乐于追忆的一个强盛时期。周社是以其始祖弃为配祭，周弃被帝舜任命为后稷，后稷"封殖天下"[①]。所以周人会"郊祀后稷，以祈农事也"[②]。但是渐渐地，我们可以看到原本的配祭之神却反客为主，变成了社神：

共工氏有子曰句龙，为后土，后土为社。(《左传·昭公二十九年》)

共工氏之伯九有也，其子曰后土，能平九土，故祀以为社。(《国语·鲁语下》)

自共工氏霸九州，其子曰句龙，能平水土，死为社祠。(《汉

① 《左传·昭公九年》。

② 《左传·襄公七年》。

书·郊祀志上》）

这里可见句龙乃社神本体，但童书业先生有考证，此之“共工”即为大禹之父鲧，所谓“句龙”其实就是大禹。[①] 那么这原本乃是托祀于社神的大禹，俨然已经成为人们观念中的夏社之神了。再来看周弃的情况，在《大雅·云汉》中可见：“后稷不克，上帝不临。”这里周弃与上帝对举，俨然也成了周社之神。在这种社神人格化的变化中，我们可以看到一种社神信仰与英雄祖先的结合。这种结合之所以产生，第一个原因从宗教观念来看，随着社会生产力的不断提高，人类愈发摆脱了对自然的恐惧，原本被视为不可抗的、由超社会力量支配的一些灾戾逐渐被人工征服，所以地产田获的丰寡从单纯依赖土地、气象条件转向了更强调人类能动性的平治水土、稼穑管理等行为和技术。故而社神的神灵形象也从土地这个自然客体转向了土地的改造者、开拓者和利用者。这个人格化的过程至晚在周代又出现了社神与稷神神格合一的情况。原本的土地神和农业神乃属二神：

昔者烈山氏之有天下也，其子曰柱，能殖百谷。夏之兴也，周弃继之，故祀以为稷。共工氏之伯九有也，其子曰后土，能平九土，故祀以为社。（《国语·鲁语上》）

---

① 参见童书业：《春秋左传研究》（校订本），北京：中华书局，2006年，第17–18页。

> 颛顼氏有子曰犁，为祝融；共工氏有子曰句龙，为后土。此其二祀也。后土为社；此其二祀也。稷，田正也。有烈山氏之子曰柱为稷，自夏以上祀之。周弃亦为稷，自商以来祀之。（《左传·昭公二十九年》）

周代时，周人的信仰和文化居于强势，稷神也就更受尊崇，社与稷此二神后来经常并列称谓“社稷”，在祭祀仪式中也并列祭祀，甚至还出现了祭稷而不祭社的情况。第二个原因要从宗教体验角度来看，社神作为土地神在祭祀仪式中往往视之不见、听之无闻，不能给祭祀者留下具体可感的印象，不便于人们向它展示祈祷仪式，不利于人们向它表达敬畏之情。[①] 所以，以祖先形象作为受祭偶像更能唤回肃敬之意。第三个原因从宗教的发生条件来看，上古之世人地矛盾很小，氏族、部落最重要的财富实际是人口，而非土地。土地不够肥沃，可以另择他地；小范围的水土灾患，也可以通过迁徙解决。成汤灭夏之后五次迁都，周族受封于邰后也至少三迁其地。可见在那个时代，人地矛盾是很微小的，另择他处居住也是很容易的。在如此频繁的举族迁徙之下，以居住土地为崇拜对象的社神当然不容易实现“随迁”。

社神信仰出现了神主转移、神性人格化、神格与稷神融合的趋势，更为重要的现象是与英雄祖先实现托配祭祀，甚至祖、神同位。而当社神与祖先神发生了神格关联，其神灵权能也就不可

① 杨琳：《社神的源流》，《文献》1998 年第 1 期。

避免地要发展为后裔、宗族、国家的保护神。土地神本为自然神，源于简单朴实的自然崇拜，自然神通常都是默默无声地存在，既不偏爱某地，也不厌弃某人。但保护神是具有人格性的，会偏爱它的信徒，会因丰盛的祀享而愉悦，也会因被亵渎而愤怒。它与人存在着以精神上的崇拜和物质上的祀奉为条件的互动。在殷墟卜辞中，社神已经不是纯粹的自然神。例如商汤建都于亳，立亳社（也称薄社、蒲社、亳土）。盘庚迁殷后亳社不废，仍受祭祀：

辛巳贞：雨不既，其燎于亳土（《屯南》665）

这条记载中可见亳社之神有解旱的神能。此外还有“宁风”“宁雨”“御大水”“月有戠”等权能，[①]但这些针对风、雨、水、月等自然现象的掌控显然是超越了土神的掌执范围的。社神在商代已呈现出以保护农业生产为根本神能的农神形象，只不过并无证据可以说明商人的农业保护神是周人所奉之弃。那么“周弃亦为稷，自商以来祀之”[②]之说，当理解为周人在翦商以前就奉弃为社稷保护神了。社神与稷神合称社稷，这当然不是说二神真正实现了神灵合一，而是指社、稷两神权能相似，无论是在宗教、祭祀，还是意识形态领域的作用可以合一并举。

传世文献所见最早之周社，当是古公亶父率众迁岐地后所立，

① 詹鄞鑫：《神灵与祭祀——中国传统宗教综论》，南京：江苏古籍出版社，1992年，第62页。

② 《左传·昭公二十九年》。

即《大雅·绵》所说“做庙翼翼”“迺立冢土”。《史记·周本纪》有曰：“盖王瑞自太王兴”[①]，虽然无法考据这“王瑞”到底为何，但在《墨子·非攻》有载：“赤鸟衔珪，降周之岐社。”《吕氏春秋·应同》记：“及文王之时，先天见火，赤鸟衔丹书集于周社。”大概这太王的“王瑞”可能也是类似的灵物灵符。虽然这“赤鸟衔瑞”的叙述难以令人相信，但可见这里的“社”已不是单纯的宗教祈祷之所。

第一，实体的社神的神主和社祭的祭坛是其土地之上的政权的重大政治、礼仪活动场所。《史记·周本纪》载：

> 武王至商国，商国百姓咸待于郊……其明日，除道，修社及商纣宫……散宜生、太颠、闳夭皆执剑以卫武王。既入，立于社南，大卒之左右毕从。尹佚策祝曰：“殷之末孙季纣，殄废先王明德，侮蔑神祇不祀，昏暴商邑百姓，其章显闻于天皇上帝！”于是武王再拜稽首，曰：“膺更大命，革殷，受天明命。”武王又再拜稽首，乃出。

显然武王翦商后并没有毁坏商社，而是在修缮了商社后来到社之南，摆出了庄严仪仗，面对商邦遗民历陈纣王罪行。这番动作，一方面通过修社示好商人以稳定政局，另一方面意在宣扬周师翦商乃正义的解放之举。在商社神灵面前举行这样一场成功的

① 《史记》卷4《周本纪》，第154页。

演讲，既告予商人知，也是告予商社之神知，庄重宣布商社之辖地今后易主于周了，颇有种假借神威的意味。随后武王又回到周社，以一场相似的仪式正式“即位”：

周公把大钺，召公把小钺，以夹王。散宜生、泰颠、闳夭皆执轻吕以奏王。王入，即位于社，太卒之左……尹逸筴曰：“殷末孙受，德迷先成汤之明，侮灭神祇不祀，昏暴商邑百姓，其章显闻于昊天上帝。”（《逸周书·克殷解》）

武王姬发在周社向周族民众庄严通告，“我邦”通过正义的、神旨的战争打败了殷邦，今后的天下主导权已转移到“我邦”“我族”。周武王将商人失败的信息传达给商社，将周人胜利的消息带回周社，由此可见社神是一位关心政权更迭、国家兴衰的神灵，也表明社主、社坛不仅是农事祈祷之所，也是向天、地、人三界庄严宣告政治权力更迭的神圣场所。而且国家出征、分封、凯旋后的献俘、对罪人的处决都在社进行，社俨然就是国家重大政治活动的平台，有人神共政的意味。

第二，社神、社主在人们观念中有国家政权的象征意义。社主命运的境况就等同于国家的实际境遇，有社存国在、社毁国倾的连带关系。周王翦商后，虽然没有在形体上摧毁商社，但通过一种类似于巫术的方式切断了商社神威，在思想观念层面断绝了商社的命运。商社虽存，但却冠以“亡国之社”“丧国之社”的名称，意指其社神所庇佑的政权已亡，在事实结果上反证商社神力消弭。《春秋·哀公四年》经曰："六月辛丑，亳社灾"，记载当时的亳社发生了一次火灾。但是社主本为露天的土封，何来火灾呢？

蒲社者何？亡国之社也。社者封也。其言灾何？亡国之社盖揜之，揜其上而柴其下。蒲社灾，何以书？记灾也。(《公羊传》)

亳社者，亳之社也，亳亡国也，亡国之社以为庙；屏，戒也，其屋亡国之社，不得上达也。(《穀梁传》)

原来，亳社之所以能发生火灾，是因为周人在原亳社上加盖了屋庙，大火是建筑起火导致的。《礼记·郊特牲》载："天子大社，必受霜露风雨，以达天地之气也。是故丧国之社屋之，不受天阴也。薄社北牖，使阴明也。"《白虎通·社稷》也有记载："周立殷社为戒而屋之，塞其三面，唯开北牖，亦绝阳而通阴。"可见周人对前朝遗民还不放心，为了在精神层面彻底消磨掉他们的复国意志，又在商社之上加盖了建筑，封闭三面，只有北向通透，以示屏蔽社主与天、地自然的交流，隔绝了南向的阳气滋润，只让北向的阴气进入，从而削弱社神作为商人保护神的威力。如此一来，连本邦的保护神都被制裁了，商人的宗族自尊和心理寄托自然也就彻底瓦解了。

第三，周代的社神信仰体系是完全掌控在周王一人的权力操纵下的，在立社权力上突出强调了周王在族权、政权和神权上的三重至尊地位。《礼记·祭法》载：

王为群姓立社，曰大社。王自为立社，曰王社。诸侯为百姓立社，曰国社。诸侯自为立社，曰侯社。大夫以下成群立社，曰置社。

大社乃周王为天下群姓所立，《礼记》之《正义》曰：“群姓，谓百官以下及兆民。”在大社之下，还辖有王社和国社，分别设于周王王畿之内和封国之内。国社之下再辖有侯社与置社，分别设立于封国内的封君籍田和大夫采邑之内。从社神功能来看，所立之社可以分为两类：一类是大社和国社，其象征意义是政权所在。大社与国社并不指向某片限定的地块，而是以政权势力范围为限。理论上大社的神威范围能覆盖到那些周王权力尚未覆盖的地区，它的权能范围随着对已知世界的扩张而同步铺展。国社也是同样的性质，如果封国的辖地变大，那么国社的神能覆盖也就随之扩大。另一类的王社、侯社、置社则不具有神化政权意味，只是土地与农业神祇。循《礼记》之《正义》记载：“王社在籍田，王自所祭，以供粢盛。”说明王社实际上是周王私产的守护神，祭祀由周王私祭，并无明显的政权保护神色彩，只是有经济权能。侯社与王社类似，是保护封君诸侯直辖领地的神灵。置社乃是大夫以下成群设立，由于大夫不是拥有土地的“君”，所以不得设立专属之社，其与群居庶民共百家以上合立一社。大夫受封有了采邑，与封邑之民共置社。而能置社的大夫级的采邑，一般要在百家以上。[①]

社神信仰虽然起源甚早，而且自商至周备受尊崇，但是在商代，商社还只是商邑之社、商人之社，没有成为全天下人民的共同信仰。例如周人之岐社与商人之亳社乃同时存在，两社的祭祀制度相去甚远，不同的神主形制、不同的配祭祖先、不同的立社制度都昭示着社神信仰是相对独立地发展于各个宗族，其专属于一族一邦。而商周易代这一重大政治变革明显波及了社神信仰与祭祀体系，对商社的处置和对周社的改造成为新生的周王国在政治意识形态战线的重要任务。周人通过在商社宣告征服、加盖屋宇、调和阴阳等方式终结并否定了商社之神对商国的象征和庇佑，彻底斩断了商社的未来发展可能。然而摧毁旧制度对胜利者来说只是一个简单的行为，而重建新的秩序显然更加复杂。姬周政权对周社的改造如同分封制度一样，是具有成熟规划和长远战略眼光的重大改革。这首先体现于社神祭祀体系与分封体系呈现一一契合的特征。分封制明确了周王与封君的等级尊卑，是在以治地、牧民权力为核心的政治权力层面明确了等级秩序。而周王为群姓立大社，为封国立国社，则是在宗教神权层面限定封君的权力范围和权力层级。由于社神是一方疆土的农神、政权保护神，封君只有祭祀国社的权力，也就只接受国社之神的庇护，一旦其权力超越了封君本分，那么不仅不再受国社之神庇佑，反而会受到其

① 李修松：《立社与分封》，《安徽大学学报（哲学与社会科学版）》1992 年第 2 期。

他国社之神甚至周社之神的惩罚。另外体现于分封与分社的仪式之中。所谓“天子建德，胙之土而命之氏”[①]，分封授权与胙土立社是两个相互依托的行为。所谓“分社”，即是将大社的神威分授予各封国，使得封国国社与周之大社形成源流关系、统属关系。

周王依靠分封，建立了以王为尊的政权体系，同时又依靠“分社”建立了以周之大社为尊的社神祭祀体系。分封与分社两项重大政治与宗教活动是并轨施行的：

王大封，则先告后土。(《周礼·大宗伯》)

建邦国，先告后土，用牲币。(《周礼·大祝》)

在周王开展分封时，先要由大宗伯告祭社神后土。而大祝则为分封仪式准备用于社神祭祀的牺牲和币帛。以告祭后土作为分封的准备工作，象征着封君的权力是周王以及神灵共同赐予的。《逸周书·作雒》有一段关于分社的具体记载：

诸（侯）受命于周，乃建大社于周中。其壝东青土、南赤土、西白土、北骊土、中央亹以黄土。将建诸侯，凿取其方一面之土，苞以黄土，苴以白茅，以为土封，故曰：“受列土于周室。”

诸侯分封受疆土的仪式乃是在周之大社举行，大社乃是用五

① 《左传·隐公八年》，原文：“天子建德，因生以赐姓，胙之土而命之氏。”

色土筑成，分别用于指代东、西、南、北、中五个方位[①]，按照封国相对周王畿的方位取大社壝坛上相应颜色的土壤，再撒上象征中央地带的黄土，用白茅包裹带至封地。修建国社之时，将自大社带来的土壤封入国社社坛中，即表明封土立社功成。那一抔大社之土封入国社之中，在宗教上象征着社神的灵魂扎植于新的封国，也就与该封国建立了神佑人祀的共生关系。以颜色标记方位，封国取土于对应颜色的土壤，有明确封君权力范围的意味，而撒上的那一抔黄土则又向封君强调不论他的权力小大、地望遐迩，其权力、人民、土地归根到底都是周王赐予、大社后土护佑，天下王有，莫不如是。如果说宗法和分封是在人事上构建了周王与封君的尊卑体系，那么分社就是在神事上再次强调了这一秩序。

第三节　主权分享下的天命一统

对于“复合制”国家而言，在其内部存在着多元权力的情况下，必然还需要某种绝对性的、至上性的权力来实现多元统一。姬周通过宗法与分封改革，逐步造就了一个“主权分享型复合制”国家。其诸多的“分享”都需要建立在“天下王有”的思想前提之下才能成立。然而对于天下为何王有、王如何有天下这两个命题

---

① 这种天下五方观念是先秦时人“天下”的空间想象，至晚在商代晚期就已出现。商人称本邦为“中商”。中商社神称“中土”，相应的还有东土、西土、南土、北土。四土与中土，合为“五土”。

是不能单纯依靠宗法那一套人间的宗族伦理来解释的，只能上溯至更高的理性主宰。

在先秦时代，最核心的意识形态普遍都是借由宗教观念传递的。商代国家未能在复合制国家的框架内实现“主权分享”，很大程度上是因为商人的政权神化和君权神化依赖的是祖神信仰，而未能出现超血缘渊源式的至高主宰和理性主宰。所以周在进行主权分享之时，一方面分享权力与权利，另一方面着重对封国进行意识形态的统一。

一、周人“上帝”与“天”

无论是通过宗法制改造将天下宗族整合进姬周国家体系，还是通过分封和分社在执政权与事神权两个层面强调天下王有的根本政治秩序，都必须根植在一个基本思想认识之上，那就是姬周政权代商执政、统驭天下所具有的合法性。关于这个问题，姬周统治者在翦商前后也始终在苦心孤诣地寻求答案。在周武王讨伐商纣之前作《汤誓》，例如将商之必亡解释为“天之罚”，将翦商由周说成是“恭行”。于是这里的“天”就走入了我们的关注视野，可见至少在周人的观念中，无论对商人还是周人而言，“天”都是其宗族、政权命运的主宰者。

然而根据殷卜辞的记载情况，并未发现商人对“天”的崇拜。在甲骨卜辞中的“天”字用例大凡有二：第一种是表示作为人之巅的头部，例如有一条是贞问王会否头痛的卜辞，辞曰：

庚辰，王，弗疾朕天。(《合集》20975)

《说文》释“天”曰：“颠也，至高无上。”第二种用法是与“大”相通用，这种用法只见于殷晚期用于称谓“天邑商”，且只有四例。[①] 所以“天”在殷代其思想蕴涵并不丰富，但是那个抬头目力可及的苍穹能让周人将之神化并顶礼膜拜，而且自然界中的风、雨、雷、雪都来自高高在上的天际，殷人又怎能视而不见？实际上在殷人的神灵世界中，以天空苍穹为对象发展而来的信仰崇拜是“帝”。殷人帝神的神威主要体现于操控自然现象，可以控制雨、云、雹、雷、风、雾、降旱等，以下各举一例：

今二月帝不令雨(《合集》14134)
贞，燎于帝云(《合集》14227)
癸未卜，争，贞生一月帝其弘令雷。(《合集》14128 正)
丁丑卜，争，贞不雹，帝不隹。(《合集》14156)
翌己其令风不。(《合集》21320)
翌癸卯，帝不令风。夕雾。(《合集》672 正)
庚戌卜贞，帝其降旱。(《合集》10168)

“帝”除了可以控制气象来影响农业收成，也能直接影响人间

① 晁福林：《说商代的“天”和“帝”》，《史学集刊》2016 年第 3 期。

社会。卜辞中多可见向帝贞问“作邑”“伐某方”这类关于筑城工程、对外战争一类的事务。而商政权和商王的祸福也是受到帝的操控的。总之“帝”在殷人的神灵世界中，是一切事物发展的决定力量，帝的形象本身就象征着宇宙中的一切存在、一切可能。

商代的“帝”虽然掌控气象、祸福、人事等，但这位无所不能的神却是一位不食人间烟火、高高在上的神灵。商人上帝的神力随意地施降人间，不会因地上之人的意志和行为而有任何改变。当帝神接到人们的卜问，除了冷冰冰地应答以吉凶，完全不受人间的影响。而商人频繁向上帝卜问，也恰恰说明了上帝神意不可揣度，人们只能畏惧地向它祈问一个可知而不可易的结局。所以，虽然在信仰体系中“帝”处于核心地位，但在祭祀体系中却鲜有来自人间的供奉。诚如朱凤翰先生所论：“（商代的上帝）是无任何附作物的、超出于自然神与祖先神之外的天神。”[①]

相比之下，周人的“帝”就显得可亲多了。周人认为其先祖的生命就是来自上帝所赐，《大雅·生民》载：“履帝武敏歆，攸介攸止。”所言姜原乃是践上帝留下的足印而诞下周祖弃，而在《大雅·皇矣》还可以看到这样的叙述：

皇矣上帝，临下有赫。监观四方，求民之莫。维此二国，其政不获。

---

① 朱凤翰：《商人诸神之权能与其类型》，载吴荣曾主编：《尽心集——张政烺先生八十庆寿论文集》，北京：中国社会科学出版社，1996年，第73页。

维彼四国，爰究爰度。上帝耆之，憎其式廓。乃眷西顾，此维与宅。

诗中写到夏、商两国因其政不得民心而遭到上帝厌弃，这位有着极强正义感的神灵在审度四方后注意到了偏居西方的周族，并赐予土地令其世居繁衍。“此维与宅”指的是古公亶父率族迁居的岐地，这次迁徙被视为周族发展过程中意义极其重大的一个节点，《史记·周本纪》则称“盖王瑞自太王兴”，即将后世姬周得以纲纪天下的首因归功于上帝赐予了岐周之地。

周代的上帝明显具有保护神的色彩，《大雅·文王》载：“有周不显，帝命不时。”颂扬上帝的对周偏爱，才使周有了统治天下这般伟业。周恭王时代的《墙盘》有曰“上帝司扰，允保授天子绾命、厚福、丰年”[①]，也清楚道明了上帝对于周人的保护神身份。虽然由殷遗民所作诗《玄鸟》和《长发》中有“古帝命武汤，正域彼四方”和“有娀方将，帝立子生商”之辞，但并不能证明殷代之人也是这般观念，只能证明是周人的上帝观念影响了后来的商族后裔，使其以周人上帝观念附会到了本族前史。

“天”这一神灵形象是在周人翦商后才逐渐清晰的，《何尊》有：“隹武王既克大邑商，则廷告于天曰：‘余其宅兹中国，自之乂民。’”[②]《尚书·多方》有：“惟我周王灵承于旅，克堪用德，惟典

① 秦永龙编著：《西周金文选注》，北京：北京师范大学出版社，1992年，第72页。

② 马承源：《何尊铭文初释》，《文物》1976年第1期。

神天。”可见“天”与“帝”一样都处于周人神灵世界的核心地位。也因此关于周代的天、帝关系一直是争论不决的问题，主要观点总结有以下两点：

1. 天、帝乃同一神灵

该观点是郭沫若在《先秦天道观之进展》[①]一文中提出的，他认为在周代文献中，天与帝往往并列出现，“皇天上帝”频频可见。在《宗周钟》有：“隹皇上帝百神保余小子，朕猷又成亡境，我隹司配皇天。”“皇上帝”与“皇天”同句并用，且无甚差异。《国语·周语上》曰：“先王既有天下，又崇立上帝。”韦昭注曰：“上帝，天也。”所以帝、天只是同神异名。

2. 帝、天分别是商、周两族各自的信仰

该观点最早由美国学者顾立雅在《释天》[②]中提出，他认为“帝”是商人对最高天神的称谓，而“天”则属于周人。周武翦商后，两族信仰发生了合一，二名混用才致周代帝、天并称的现象。

虽然聚讼千篇，但却很难有个结论，每种观点都有其合理之处。但无论哪一方观点，帝、天信仰在周代呈现合一趋势却是事实。在不细究帝、天信仰起源的前提下，笔者的观点倾向认为周代的天、帝乃是两位神灵。相比天、帝的神能，二者相似点太多，

① 郭沫若：《先秦天道观之进展》，《郭沫若全集·历史编第一卷》，北京：人民出版社，1982 年。

② 顾立雅：《释天》，《燕京学报》1935 年第 18 期。

都具有主宰国家兴亡、诞育世间万物，以及操控自然和社会发展的能力。而在神格上，天更具有客观理性，而帝则显得更人格化。周人认为："皇天无亲，惟德是辅。"[①]"侯服于周，天命靡常。""上天之载，无声无臭。"[②]"天"带有非人格性的绝对客观色彩，不疏商，不亲周，只是默默地坚持一种客观法则，将神能赋予有德之人、有德之国。但在这一点上，周之"天"与商之"帝"有着相似的神格。而周人上帝则表现出对周的偏爱，具有保护神的特质，这一点前文已述，所以即使当西周末年王室衰颓，周人也只是对天命产生了疑惑，而没有失去对上帝的期冀。

另外，在祭祀仪式之中，天与帝也是呈现两种不同的方式。《大雅·文王》有"文王陟降，在帝左右"。《大雅·大明》有"维此文王，小心翼翼。昭事上帝，聿怀多福"，说明祭祀上帝是以文王为配祭，文王候奉于上帝左右，陟降于天地之间，传达着帝命人愿。而祭天则是以后稷配祭，《周颂·思文》有："思文后稷，克配彼天。"基于这种认识，可以认为"天"更像一种高度抽象化的无意志的权威，是一种表现为人间秩序的终极存在，其自有永有，一如《荀子·天论》之言："天行有常，不为尧存，不为桀亡。"而人格化的帝则更像是这种权威的实际执杖者、监行者。周代的天与帝乃两种信仰，但却同位同格，尤其是进入春秋战国时代，天、帝二神更是混为一谈，几无可辨。而且在政治意识形态构建层面，

---

① 《左传·僖公五年》。

② 《大雅·文王》。

二神也确可一体视之，只是以不同的方式行使着支配人间的权能，但同时天、帝合而作为一种绝对性的诠释体系，护卫着周代君主权力形态由邦君向王君的转化。

二、作为普世信仰的“天”

“要改变一个旧社会，首先要改变旧的思维模式和政治信念；同样，要使一个新社会稳定下来，就需要一套完整的思维范式和政治信念。”[①] 姬周克商之后，这种“政治信念”通过宗法与分封得以完成，而相应的思维范式则是以宗教改革来构建的。问题还是要回到姬周政权代商执政的合法性问题上来，在周人的话语中，“天命”始终是一个终极解释。如以客观唯心主义哲学“存在即合理”的逻辑范式，先秦天命观阐述的逻辑就是“存在即享天命”，故而周人在以“天命”构建自身政治合法性之时，势必也要对前事历史做出与“天命”逻辑相符的解释。在这一点上周人毫不保留地“承认”前朝子商政权也是享有天命的天下共主，这一点在《尚书》中颇多体现：

> 在昔殷先哲王迪畏天显小民，经德秉哲。（《尚书·酒诰》）
>
> 有殷受天命，惟有历年。（《尚书·召诰》）
>
> 乃惟成汤克以尔多方简，代夏作民主。（《尚书·多方》）

---

① 刘泽华主编：《中国政治思想通史（综论卷）》，北京：中国人民大学出版社，2014年，第192页。

乃命尔先祖成汤革夏，俊民甸四方。自成汤至于帝乙，罔不明德恤祀。亦惟天丕建，保乂有殷，殷王亦罔敢失帝，罔不配天其泽。（《尚书·多士》）

明确了商邦的合法地位后，还需要明确姬周现时的登位乃是继承自子商：

今王嗣受厥命，我亦惟兹二国命，嗣若功。（《尚书·召诰》）

天惟式教我用休，简畀殷命，尹尔多方。（《尚书·多方》）

非我小国敢弋殷命。惟天不畀允罔固乱，弼我，我其敢求位？（《尚书·多士》）

基本的逻辑是：合法权位的继承者必然也是合法的。用商、周两个既成事实来反证一个虚拟的概念，显然是具有说服力的。

之于天命转移的诠释，周人则又使用了两个办法。周人首先通过先世神话，将自己的祖先与皇天上帝建立起血缘联系。与商族的先世传说做个比较，商人先世神话模式属于图腾神话，而周人有关其始祖后稷的神话则属于感生神话。殷人祖先契乃其母简狄吞玄鸟所坠之卵而后受孕，即“天命玄鸟，降而生商，宅殷土茫茫”[①]，周人祖先弃则是姜原履巨人足迹而立刻受孕，甚至感受到了胎动，即《大雅·生民》言：“履帝武敏歆，攸介攸止，载震载

① 《商颂·玄鸟》。

宿，载生载育，时维后稷。”

我们知道，人类生命的孕育有四大要素，即母种、父种、交媾和母体。商、周二祖的降生神话里母种和母体相比于父种来源是更明确的[①]，这应是母系社会中“知其母，不知其父”的传统遗留，所以父种的来源有可能是后来进入父系社会阶段后才被添加进去的，因而交媾这一环节也用“吞食鸟卵”和“践触帝武”来包装伪饰。由于父种最具神秘色彩，我们拿来做个比较，首先可以看到商契父种的供体是“玄鸟”，虽然这只玄鸟是受上天命令而创诞氏族，但作为直接的创造体，玄鸟这一图腾信仰才是殷人精神世界中最核心的符号，而“天”在此的角色更像是在周代“天”信仰体系建立后才添加进来的。相比之下周弃诞生的传说更为简单化，明确说成是上帝抛下的神种，且神种不由他物载携，而是人格化的上帝直接以其人体形象（足迹）来实现与母体姜原的交媾。其次，简狄吞食鸟卵与最终诞孕商祖这两者尚还存在着解释空间，二者并没有绝对的关联。周弃诞生神话就显得严谨多了。姜原见到上帝足迹之时即涌起一股喜悦与冲动，这首先解释了动机，也埋下了神秘线索。紧接着在践触帝武的瞬间就腹大如孕、身震如胎动，这又指明了姜原与帝无可置疑的交媾事实。而在生下婴孩后，还因“居期而生子”这一非正常的生育过程而认为婴孩不祥，这其实是再次强调了周祖非凡的生命特质。最后，商契降生后并

① 在很多神话中认为父种直接耕植于母体即可孕育出生命，母种的存在是未被认识到的。所以本书将母种与母体的概念合为一。

无特异之处，只是佐助大禹治水有功，与一个常人并无较大差异。反观周弃，姜原以为不祥，“弃之隘巷，马牛过者皆辟不践；徙置之林中，适会山林多人，迁之；而弃渠中冰上，飞鸟以其翼覆荐之”①。周弃自出生就受到了走兽、人族以及飞禽有意无意的庇佑，似乎是向人们暗示周祖自始便拥有天、地、人三界的成命。再综视其一生，每一阶段都充斥了成功与杰出，俨如黄帝般生而神灵、弱而有福、幼而有志、长而有艺、成而有功。②综合以上三方面，这一系列的叙述将周弃生命乃上帝赐种办成了“铁案”。原本在商祖诞生神话中帝、人二分的格局被改写。人间氏族的祖先竟然是上帝的神种，那么周祖后代之人也顺理成章地与神裔挂钩，周王之尊崇也就与帝、天的尊崇实现了捆绑。“天子”一称用以称谓天下最高权力之主也是始于西周的。周王被称为由天所生的众民之首，《尚书·召诰》有曰：“皇天上帝，改厥元子。”认为天下至尊，九州共主乃是皇天上帝的元子。“元子”一词乃指嫡长子，周王是为皇天上帝的嫡长子，同时也是先祖帝喾的嫡长子。无论是人间之父，还是天间之父，周祖都是受福最多、受权最正的一个形象。这也直接服务了宗法制的推行。

周人另一个方法则是在“天命”中引入了“德”的观念。“德”是一个很宽泛的概念，其原义并非今人所言之道德，极有可能是

---

① 《史记》卷4《周本纪》，第145页。

② 《五帝本纪》记黄帝：“生而神灵，弱而能言，幼而徇齐，长而敦敏，成而聪明。”且《国语·周语下》：“我姬氏出自天鼋。”郭沫若等学者认为“天鼋”与“轩辕”同词异字。但本书在此不做深究。

由一种人的具体行为而代指的，源于父系家长制氏族中的传习、风俗、法规等[①]，总的来说还是集中指向君主政德。在《牧誓》中，周武王历数商纣的失德之举，包括了听信妇人之言、不重视祖先祭祀、不进用王父母弟、任用奸佞之臣等。这些失德之举导致了天命断绝，而周邦的周文王作为有德之人，则被选中接续天命。《大雅·文王》有“仪刑文王，万邦作孚”。《周颂·维天之命》有“维天之命，於穆不已。於乎不显，文王之德之纯”。所以，周人认为“德”当以周文王之德为一个高位的标准，例如“不敢侮鳏寡”“无彝酒”“和恒四方民”“不敢盘于游田”“怀保小民”等。

“德”可以说是天命观念里的一个量化观念，相当于人间君主与天帝之间用以交易的“货币”。假使没有这种“货币”，那么天命就可以被不设前提地据有，此是为“绝对天命”。而为了说明这个问题，史料中还有一个来源颇为可疑的故事，即当西伯姬昌伐灭黎国之时，商王臣祖尹就怀着深深的忧惧向纣王发出“天既讫我殷命”的告警，可纣王回复“我生不有命在天”[②]，他对绝对天命的迷信断送了商邦最后的自救机会。相对于纣王笃信的绝对天命，就是周人自称的以“德”为前提的“相对天命”。“德”的引入一方面解释了商、周前后两个天命承接者是因何发生了天命转移，而另一个更为重大的意义在于突破了商代君权所受的“听帝命”的禁锢，转而实现了以“尽人事”为准衡的权力表达形式。《礼

① 李向平:《王权与神权——周代政治与宗教研究》，沈阳：辽宁教育出版社，1991 年，第 52 页。

② 《尚书·西伯戡黎》。

记·表记》所说“殷人尊神，率民以事神，先鬼而后礼”的表述大致是符合实情的，商代政治的主要特征之一就是君权隐匿于神权之后，商君遇事则卜，很难有充分的施权空间。而且求卜问贞的结果往往不尽如君意，从根本上制约了君主权力的表达。虽然伴随着君权的发展，到商后期君权愈发强大，出现了商王对龟卜结果不满意，而决议再卜的情况，但是这样又出现了负责贞卜的贞人通过释读龟卜来操纵商王的决策的可能。《盘庚上》有言：“不能胥匡以生，卜稽曰，其如台？”此条记载乃盘庚直言人力可及，何须问卜？就是顾忌到可能存在的不利于君权施展的贞卜结果而拒绝占卜。在这种严密的神权禁锢下，连君主的政权施展都颇受制约，更遑论大刀阔斧地宗教改革？但是周武克商这一政治动荡，为改革带来了契机。新的天命观念之下，君主的权位、权力直接得到了天、帝的庇佑，而这种庇佑又是人事之“德”来交质。因为世间的最高权威则由不亲人事的上帝转移到了有德之君。《大雅·文王》有“天难忱斯，不易维王”，即言天意难以信从，而不会改易的是人间之王，而这种思想的发展很容易走向绝对化，从而使“有德必君”转化成“为君必德”，君权本身的存在就替代了天命的存在。“德威惟畏，德明惟明”，当国家和社会只会对威严的政令感到畏惧，只会以彰明的德教感到诚悦，那么君主权力才能真正超越神。

第四节　思想坐标下的“王”与“王君”

“王”字在甲骨文中即有出现，究其本义，众说可见一土说、二十说、工字说、君坐形象说、王冠说等。“王”于武丁时代的甲骨中写作“太”，祖庚至康丁时代写作“王”，再后就演变成了“王”。最为普遍的是认为其本义为斧，“太”字仿佛是斧钺不纳秉承之形，传世文献中斧钺通常是政权最高首领或军事行动中最高指挥官的权威象征：

王左杖黄钺，右秉白旄以麾。（《尚书·牧誓》）

王不革服，格于庙，秉黄钺语治庶国。（《逸周书·世俘解》）

赐用弓彤矢，其央。赐用钺，用征蛮方。（《虢季子白盘》）

赐（周文王）弓矢斧钺，使得征伐，为西伯。（《史记·殷本纪》）

钺也可被用以指代国家机构的刑杀大权、司法权威。

非号令无以使下，非斧钺无以畏众，非禄赏无以劝民。（《管子·版法解》）

今吾司寇之刀锯日弊，而斧钺不行。（《国语·晋语六》）

总而言之，“王”之本义与其指代本无复杂的逻辑，我们可以想象出斧钺这种外形凶悍的兵器的寒光会带给人一种何样的威慑。“制生杀之威之谓王”[①]、“勉勉我王，纲纪四方”道出的是王君所拥有的超然的立法职能、司法权能。然而这样的王还只是依恃武威、崇尚气力的霸权之主，在其思想蕴涵上显然简单了许多，如此君位称“王”并不意味着其权力可视为“王君”形态。“王”用作君主称谓有可能追溯到先商时代，如卜辞中出现的“王亥”“王亙”“王夨”等都是成汤之前的商人先祖。第一位明确可考称“王”之人是商人高祖王亥，史传王亥是商祖契的七世孙，他赶着牛羊去与有易部落贸易，却被有易君长绵臣杀死。最后王亥的儿子上甲微在河伯部落的协盟之下讨伐了有易，并杀死了绵臣。当然王亥之“王”也有可能是后世商王为先祖追称的，但在商代“王”并非商邦君主的独享。在各类甲骨刻辞中，商君径自写称为“王”，而指其他王者，则为“王某”或“某王”。如同“某侯”“伯某”一般，这都是对已服属于商王的族邦君主的称谓，其实际地位与侯、伯相同。商王与多王有祭祀、战争、朝仪等事务上的交际。有的称王邦君是商王的同姓亲属、有的是异姓封君，有的王因与商敌对战败还被用作人牲，献祭给商人的祖先。如武丁时期的一条卜辞，描述了一位背叛商王的封国君主在被俘后的遭遇：“贞我其有令戛臾用王？贞我勿有令戛弗其臾用王？”[②]鉴于先商祖先既

① 《战国策·秦策》。

② 参见齐文心：《关于商代称王的封国君长的探讨》，《历史研究》1985年第2期，第76页。

已称“王”，所以称“王”在商代可能不具有特异性。即使商为大邦，也并没有将“王”称专属化，全然不似后世“天子”“皇帝”等称谓的使用原则。“王”仅仅还停留在一邦之君的层面，尚未在制度上实现天下共主的地位。

自西周始，“王”演变为姬周君主的专属称谓，具有天下共主，且是唯一之主的含义。除姬周君主敢称王者，势必会遭到军事制裁。也即所谓清楚地道明了周代之“王”的排他性、唯一性。习以为“王”是普天之下的最高权力所有者，最高权威所在，是天下一切财富的理论上的拥有者。即所谓“普天之下，莫非王土。率土之滨，莫非王臣”。虽然“天下王有”仅仅作为一种上层意识形态而存在，但这个观念比事实更重要，因为它从精神上剥夺了所有人的主体意义与独立价值。①只有满足了至上性和唯一性这两点后，王权才能最终构成权力金字塔的塔尖部分。此外王权还应该具有扩张性，即对尚未实际控制的权力空白领域宣称统治权。

至汉儒的释义中，“王”的含义层次已经非常丰富了。《春秋繁露·王道通三》释曰：

> 古之造文者，三画而连其中，谓之王。三画者，天地与人也，而连其中者，通其道也。取天地与人之中以为贯而参通之，非王者孰能当是？

---

① 刘泽华：《中国政治思想通史（先秦卷）》，北京：中国人民大学出版社，2014年，第46页。

再如《说文》所释：

"王"天下所归往者。

"王"为三横连其中者，三横者，天、地、人，通之者，王也。

天、地、人，是为三才。《易传·系辞下》曰："有天道焉，有人道焉，有地道焉。""道"的观念在西周时代尚未成熟，但宇宙时间与空间是由天、地、人三部分组成的观念已经出现。这种宇宙观在某种程度上认为天、地、人三元平行存在，三者相互统属又隔断交流。

所谓"天"，一是指抬头目力可及的那片苍穹，二是指万物生灵赖以存在的空间。在天这个空间里还存在着一群可以主宰万物一切的天神和已逝的祖先。天神和祖先生活在凡人目力不可及的那个天界社会。西周时代，"天"是人间世界智慧的极限，当时没有任何关于天何以为天、天何以存在等本体哲学的探讨。天相当于一种自有永有、自在无觉的宇宙秩序，它是一切物质、精神的至高存在、终极存在。更准确地说，"天"是一切物质和精神的载体，这种自然秩序的行为主体则是以"上帝"为代表的神灵。于是"天"同时也具有了宗教意义，姬周君主自称"天子"就是将自己的生命与超自然存在的天和天神建立起联系，天子与天神之间存在着"德"，这样在某种程度上可以进行观念量化的交流媒质。即天子对民施之以德，天神就对天子授之以"命"。这种与君主政德捆绑的天命观念虽然在商代就已经出现，但是直到西周才上升为核心的政治意识形态，于是平行存在的“天—地”依靠“帝—王”而构建起交互关系。所谓“天无二日，土无二王”[①]，天、地两个界元被认为有着相似的社会格局，所谓天上与人间存在一种拟态关系。人间社会是天界社会在地表空间的简单复制，“时日曷丧，予及汝皆亡”。天地间的这种拟态关系不仅仅存在于表象的形态，也连通着命运的时态。所以人间王的至上性和唯一性，自然而然地与天界帝、神的形象塑造产生了观念捆绑。

三才之中的“地”象征着一切可为人取用的物质资源的载体。严格来说这些资源包括飞鸟走兽、花草鱼虫、林产矿藏、自然能源以及人类。“地”也是王的施权空间，被赋予了周王政权属性的地则另有一个名称即“天下”，“天下”顾名思义就是一切苍穹之下的土地及其人民。“今文子文孙，孺子王矣……以陟禹之迹，方行天下，至于海表，罔有不服。”[②]“故周公相王室以尹天下。”[③]在先秦时代的认识中，地理概念的“天下”是以宗周、成周所组成的周王畿为地理中心，进而向四方铺张出去的空间概念。这个观念中，“四方”是无限庞大的地理空间，所以在观念上，周王对于整个地面世界都拥有理论上的所有权，并且这种所有权的覆盖范围伴随着已知领域的扩张而扩张。

“人”虽然在本质上从属于“地”，但人作为意识主体，拥有

---

① 《礼记·坊记》。

② 《尚书·立政》。

③ 《左传·定公四年》。

自觉意识。“民受天地之中以生，所谓命也。是以有动作礼义威仪之则，以定命也。”[①]意思是人由天、地二元之气中和而生，守护为人之命的方法就是遵守以礼义、威仪为行为准则的“人道”。人间社会在空间分布上存在于天地之间，并在运行机制上模拟天、地之道的中和之道。“天雨血沾衣者，天以告也；地坼至泉者，地以告也；人有当阙而哭者，人以告也。天地人皆以告矣，而王不知戒焉，何得无诛乎？”[②]可见人间之王乃三元交会的枢纽，他本应上承天道、下循地道，从而替天代地施行人道以牧民。所谓“立政出令，用人道。施爵禄，用地道。举大事，用天道”[③]。在观念上，人间社会所承受的是天地神灵的间接统治。

小　结

“王君”是在周代商立，开展大规模社会与国家改革之后形成的，在现实权力方面，通过宗法和分封制度将原本商代的“主权聚合型复合制”国家改造成了“主权分享型复合制国家”。将前代“邦君”型君权的两大发展瓶颈全部突破，实可谓“周监于二代，郁郁乎文哉”。

而在神圣权力形象方面，周王君的权力来源被宣传为上天授

① 《左传·成公十三年》。
② 《战国策·齐策六》。
③ 《管子·霸言》。

子。“天”的神灵形象不同于有形有性的人格神，它是一个无声无臭的，象征至高理性的神。它不能被取悦，也不能被干涉，它与人间唯一可以发生交流的事物是为“德”，一种存在于君主及统治集团的精神素质。这种以“德”为前提的天授君权的思想是对王君权力的唯一理论制衡。

“天”作为一种高度抽象化、理性化的神灵在周代成为普世信仰，从而为跨宗族、跨血缘的政治权力的形成提供了意识形态基础。但是对天的祭祀权力是垄断于周王之手的，周王自诩“天子”，象征着他在天与人所构成的亲缘关系中处于一个“人间大宗”的地位，这也成了宗法制、分封制以及为群姓立社的制度与思想基础。

第四章
帝君：万民君父与在世圣人

以明人事，合同父子。

圣智仁义，显白道理。

——《琅邪刻石》

历史的发展是不停歇的，随着周代社会政治的演变，自姬周施行分封以来，在思想与现实层面都得以实现的“王君”型君权又进入了下一轮衍化。西周中后期，周王室权力衰落，一方面封君的权力开始脱缰自长，另一方面王室权力被卿臣攫取。春秋时代，各诸侯国重蹈了姬周式微的覆辙，从曲沃武公列封晋侯，再到三家分晋和陈氏代齐，分封制度所导致的公族权衰、君卑政暴[①]的问题一直无法解决。至战国诸雄纷纷以强公室，杜私门为核心目标的变法运动可见，诸侯国君在自身君权模式的探索中，都认为兴

① 《左传·哀公二十年》。

复封建、再造王国是一个毫无疑问的排除项。当“王君”思想脱离了宗统与分封制度的土壤后，也就逐渐失去了生命力。继代而来的官僚、郡县等制度实践为新的君权思想提供了现实基础，同应运而生的“帝君”观念亦步亦趋地走向了帝国时代。最终以秦之统一，建立了中央集权制国家为标志，“帝君”形态君权理念成为现实。

现代汉语中“帝君”一词乃是民间信仰中对某些神灵的尊称，如文昌帝君、东华帝君、关圣帝君等，针对政治元首则并不存在“帝君”的称谓，本章“帝君”所指乃中国古代君主对自身权力认识与企望的最终形态。

第一节　春秋以后的制度与信仰危机

所谓春秋时代可以简单地认为是《春秋》叙事的起止之年，即鲁隐公元年（前 722）至鲁哀公十四年（前 481）。[①] 当然，这样教条地界定“春秋”显然并不合适，结合本书对君主权力形态的考察，自西周以来形成的“王君”型君权权势与思想在厉、幽时代集中爆发的一系列王权危机与社会动乱之中逐渐开始崩解；待平王东迁至周元王时代勾践称霸，则是王君观念全面瓦解的时期；所以从厉王出奔，共和行政开始，至三家分晋之前，这一时期是王

① 《春秋经》记事止于哀公十四年，而《左传》记事则延续至哀公二十七年。

君观念及相关政治思想的动摇、崩解与变迁的过程，其与《春秋》记载时段多有重合，故而一体统称“春秋”。

周代王君权势的衰颓在昭王和穆王时代已显现出征兆，“昭王南征而不复”[①]折损了周王的威风，后继穆王的四方征伐又确实耗损了宗周的元气。到了西周末期，国家外部的安全危机频现，宗周困于攘外又疏于安内，剧烈的内外动荡刺激了旧思想体系的加速灭亡。宗法观念、分封制度、天命观念，那些曾经成就姬周王业的制度与思想并未如遂设计者之愿，它们一方面变异出了毁灭基因，反噬了母本；另一方面又在充分的试错中蜕变了形态，进而成就了新的载体。

一、宗法政治的解体

如同一场疾病的暴发必然以免疫机制的失守为前提，那么对于以宗法思想为基石的周王权而言，王君思想的瓦解是不可能绕开宗法原则遭到破坏而单独发生的。周之宗法制度本身具有严密性和可持续性，若非重大的政治或社会动荡，宗法制度及思想是很难自然瓦解的。西周时代分别在成王和厉王时代出现了两次剧烈的政治和社会动荡，成王时代的三监、武庚叛乱以及厉王时代的国人暴动都直接对现实王权产生了重大冲击，但也分别依靠两位杰出的卿臣化解了危机。两次危机有着不同的发生因素和化解

① 《左传·僖公四年》。

过程，但最为明显的区别则在于三监叛乱被平定后，周王权反而快速巩固，而国人暴动平息后周王权却极速衰落。

国人暴动致厉王失国，而在宣王即位之前则又经过了一段长达十四年的，被称为“共和”的王权真空期。关于共和时期代王主政的是谁，《史记》和《古本竹书纪年》提供了两个说法。本《史记·周本纪》所述，乃是周公和召公共同行政；而《古本竹书纪年》则记载“共伯和干政”。《史记》的说法虽然流传很广，但仅为孤证，反观《古本竹书纪年》之说则在其他文献中有旁证。例如《左传·昭公二十六年》所载：“至于厉王，王心戾虐，万民弗忍，居王于彘，诸侯释位，以间王政。”晁福林认为这里的“诸侯释位”指的就是诸侯代王行政，既是“诸侯”，那就不可能是周、召二公这样的王室大臣。[①] 而在清华简《系年》中则有更明确的记载：

至于厉王，厉王大虐于周，卿李（士）、诸正、万民弗忍于厥心，乃归厉王于彘，共伯和立。十又四年，厉王生宣王，宣王即位，共伯和归于宋（宗）。[②]

《系年》中提到是共伯和在厉王出奔，太子幼弱之际主持国家大政。同是战国末期成书的《吕氏春秋》中也有关于共伯执政的记载：

---

① 晁福林：《春秋战国的社会变迁》，北京：商务印书馆，2011 年，第 12 页。

② 李学勤主编：《清华大学藏战国竹简（贰）》，上海：中西书局，2011 年，第 509 页。

王者厚其德，积众善，而凤凰圣人皆来至矣。共伯和修其行，好贤仁而海内皆以来为稽矣。周厉之难，天子旷绝，而天下皆来谓矣。[1]

这里将共伯直接称为“王者”，“海内皆以来为稽矣”则可见共伯俨然是一副最高元首的形象。总的来看，《古本竹书纪年》的记载是较为可信的，其所曰“共伯和”应为卫武公姬和。关于卫武公，有《毛诗序》曰：“《淇奥》，美武公之德也。有文章，又能听其规谏，以礼自防，故能入相于周，美而作是诗也。”[2]在《史记正义》所引《鲁连子》曰：“卫州共城县，本周共伯之国也。共伯名和，好行仁义，诸侯贤之。周厉王无道，国人作难，王犇于彘，诸侯奉和以行天子事，号曰‘共和’元年。十四年，厉王死于彘，共伯使诸侯奉王子靖为宣王，而共伯复归国于卫也。”而在《汉书·地理志》所载之河内郡十八县之一的共县，则有孟康注曰：“共伯入为三公者也。”[3]卫武公姬和素有美名，而且在厉王时代入宗周担任王官，官至三公之位。近侍周王，位高权重，能力杰出，所以当厉王出奔之时，姬和代行国政是有充分客观条件的。

“共和行政”表面看似是力挽狂澜，扶大厦于将倾，但也种下了宗法政治崩解的种子。共伯姬和本为封君，既非王子，亦非王

---

① 《吕氏春秋·开春》。

② 周振甫：《诗经译注（修订本）》，北京：中华书局，2010年，第74页。

③ 《汉书》卷28上《地理志上》，第1554页。

弟，虽然他具有相当的客观优势，但却不是代王行政的合法人选，同在宗周的周、召二公相比姬和则更有资格。如果认为代王行政只是危机之下的紧急措施、临时办法，那么由姬和代王执政倒也无可厚非。但在厉王太子尚存的情况下，共伯行政仍长达十四年，则显然多了几分蹊跷。前文所引《吕氏春秋》的一段叙述中将姬和称为“王者”或许已经可以引发一些猜想：共伯在执政期间是否存在称王之举呢?

共伯是否称王，在学术界是存在争论的，之所以产生争论，主要因为各家各派在对金文文献的释读方面存在不同结论，所以本书在此不做涉及，因为无论共伯称王与否，都不可否认的是这长达十四年的共和行政时期对君权思想和王君权力意识产生了重大影响。很明显的一点就是周王的威望自后大大减损，这在西周后期成文的《诗经》诸篇中可以很明显地感受到。例如在《大雅》中暗刺厉王的就有《民劳》《板》《荡》《抑》等，而在《毛公鼎》中甚至还有周宣王对自己父亲的批评：

布命布政，执大小胥赋，无唯正昏，引其唯王智，乃惟是丧我国。

宣王认为，出现国家动荡的主观原因是厉王智昏，客观原因则是国家的大事小情长期由王一人决断，而没有对王所做决策的纠错力量。虽然宣王有自省自律的意识，但也未尽得美名，在《小雅》中讽刺宣王的就有《沔水》《祈父》《白驹》《黄鸟》《我行其野》等；讽刺幽王的诗篇更是多数，如《节南山》《正月》《十月之交》《雨无正》等。纵然此时也有为周王歌功美德的诗篇，但讽詈周王的情况是厉王之前所未有的。

反观共伯，前文所引《鲁连子》和《淇奥》都是歌颂他的，而他死后也是以“睿圣武公”[①]为谥号。共伯大受美赞并非个例，国人暴动之后涌现了很多歌颂诸侯、贵族的诗歌，例如《小雅·黍苗》赞美召穆公，《小雅·六月》赞美尹吉甫“文武吉甫，万邦为宪”，《小雅·采芑》赞美宣王时的大将方叔，《大雅·嵩高》赞美申伯，《大雅·烝民》赞美仲山甫，《大雅·韩奕》赞美韩侯，等等。这些赞颂诸侯、贵族的诗句在西周前期和中期的诗歌中没有踪影可寻，可是在“共和行政”以后大量涌现，其原因并非诗人心血来潮，而是王权下降、诸侯和贵族势力崛起的社会现实的反映。[②]在思想观念上也体现出社会崇拜由最高大宗的周王转向本支大宗，即诸侯或家族宗子。

“共和行政”之后，虽然宗法观念出现了动摇，但这种观念毕竟早已用明确的制度固定下来，制度不被打破，思想就很难消弭。然而宗法制度的摧毁者竟是周王自己。《史记·鲁周公世家》记载，周宣王十二年，鲁武公携长子姬括与少子姬戏至宗周朝觐周宣王，结果宣王仅因自己偏爱姬戏，一意孤行干涉鲁武公废长立幼。之后姬戏登鲁公君位，是为鲁懿公。懿公九年，姬括之子伯御攻杀

---

① 《国语·楚语上》。

② 晁福林：《春秋战国的社会变迁》，北京：商务印书馆，2011年，第20–21页。

懿公自立。而在伯御即位十一年后，周宣王又派军伐鲁杀死了伯御，后扶立姬戏之弟姬称为鲁君。鲁国的这起公室内乱跨时二十年，可以说完全是由周宣王的蛮横干涉所引发，且宣王的干预行为属于滥权，全无合法性质，是对宗法制度的直接破坏。其严重后果一是开启了废长立幼的先河，二是极大地损害了周王裁断法辟的权威。即使如此，周宣王仍然滥杀无辜，加之其不籍千亩、料民太原等失德之举，王室的名誉、威信一跌再跌，以至于后来还出现了被冤杀的大夫杜伯的鬼魂复仇杀死宣王这样的传说。宣王其后也如《史记》所云："自是后，诸侯多畔王命。"①

继宣王登位的幽王更是一位暴戾专横的君主，除了任用奸臣、不予民利之外，他也做出了废长立幼这样赤裸裸破坏宗法制度的决定，只不过这次废掉的不是封君太子，乱掉的也不是一国一域，而是废黜了王太子姬宜臼，改立宠妾褒姒之子伯服，结果引发了整个王国范围内近乎灾难性的动荡。此前周幽王为了博褒姒一笑，不惜烽火戏诸侯，以致身死国危，诗云："赫赫宗周，褒姒灭之。"②其说辞一如"牝鸡无晨，惟家之索"③般将罪责倾倒于妇人之身。然而厉、宣、幽连续三王时代频繁的天灾、戎患和王室失德耗尽了宗周的军事和政治资源才是真正的原因。对王室早已失去信心的封君们在"戎成不退，饥成不遂"④的惨景中还是纷纷出兵勤王，

① 《史记》卷33《鲁周公世家》，第1847页。
② 《小雅·正月》。
③ 《尚书·牧誓》。
④ 《小雅·雨无正》。

希望能尽快稳定局面。而就在这家国危难之下，周幽王废长立幼的遗害仍未止息，甚至还出现了二王并立的局面。这一史事被记载于《古本竹书纪年》：

平王奔西申，而立伯盘[①]以为太子，与幽王俱死于戏。先是，申侯、鲁侯、许文公立平王于申，以本大子，故称天王。幽王既死，而虢公翰又立王子余臣于携，周二王并立。二十一年，携王为晋文公所杀。以本非嫡，故称携王。

依文可见在幽王与伯服被杀之前，姬宜臼已经在申、鲁、许的支持下于避难之地西申称王了。随后幽王讨伐西申就很有可能与宜臼称王有关。在父王仍在世的情况下太子称王，无异于另立国家。明明是对宗法继承制度的严重破坏，但宜臼称王是在多位诸侯鼎力支持下实现的，这其中还包括了以尊奉周礼为范的鲁君。太子宜臼的境遇固然有值得同情的地方，但扶持宜臼的诸侯们的这种同情或者钻营代替了理性的制度。而就在幽王和伯服死后，大臣虢公竟然又赌上身家去拥立没有继位资格的王子余臣，使“二王并立”的乱象再次出现。然而这两次“二王并立”仍不是幽平之际王位混乱的全部，有观点认为，其实在姬宜臼称王之前，周幽王为博褒姒欢心而允许了伯服称王，这在《左传·昭公二十六

① 此“伯盘”即褒姒所生子伯服。

年》有记载："至于幽王，天不吊周，王昏不若，用愆厥位，携王[①]奸命。"《左传·昭公二十六年》孔疏引束皙语："伯服立为王，积年，诸侯始废之而立平王。"而且根据《古本竹书纪年》所述，姬宜臼称王是称"天王"，商周时代天与大、太等字通用，强调"天王"其实是在强调自己是"以太子王"[②]，这是姬宜臼彰显自身合法性、获取社会同情的最重要的王牌。这种标榜如果针对的是自己的父王，显然是没有意义的，那么更合理的猜想就是针对同样称王的伯服。这与上述两次因政治对立而并称王的情况不同，伯服是在幽王应允下出现的王，由此显示宗法的约束力对于王室和封君、贵族来说已是荡然无存。

伴随着周平王姬宜臼坐稳了王位并东迁雒邑后，周王国至少在表面上又回到了一王在上的正常轨道。但如同破碎后又黏合的玉石，王君的威严已不可能回归完璧状态下的强韧了。至周桓王崩，其宠子姬克就在周公黑肩的帮助下妄图杀死合法继位的周庄王自立。后庄王在辛伯的帮助下杀死黑肩，姬克则出奔南燕。[③]史称"子克之乱"。历劫于嫡庶内斗的周庄王似乎并没有从中吸取太多教训，在他死后，其宠子姬颓勾结了对惠王心存不满的五大夫[④]和畿内诸侯苏子一起发动了对惠王的叛乱。这场叛乱甚至导致了惠王出逃郑国，姬颓一度登位称王。最后周惠王是在郑国和虢国

① 此"携王"当为伯服之误。

② 晁福林：《春秋战国的社会变迁》，北京：商务印书馆，2011 年，第 48 页。

③《左传·桓公十八年》。

④ 五大夫乃姬颓之师蔿国、大夫边伯、大夫子禽、大夫詹父、膳夫石速。

的帮助下才平定了叛乱，史称“子颓之乱”。然而历史似乎偏爱于旧事重演，周惠王与惠后都偏爱少子姬带，所以也动起了废长立幼的念头，但因太子姬郑提早求助于齐桓公，才在齐国的护佑下于惠王崩后顺利登位，是为周襄王。贼心不死的姬带依恃惠后的庇护，引入戎人发动叛乱。若非秦、晋的驰救，襄王恐怕要重演幽王的悲剧。戎乱平定后，姬带逃奔齐国，十年后却又在周大夫富辰的调解下，被襄王允许回到成周。姬带似乎天生反骨，回到成周后又抓住一次机会借助狄人的力量发动了叛乱，导致襄王出逃郑国。最后周襄王在晋国的帮助下围杀了姬带，平定了叛乱。姬带作乱前后长达二十年，史称“子带之乱”。值周景王崩，周王室又发生“子朝之乱”，起因是周景王唯一的嫡子早夭，王子姬朝以长庶子身份，宣称自己当合法继位为王，而且周景王生前也最为宠爱姬朝。另一方为姬阓，即周悼王，因其母亲身份更为高贵，所以相比姬朝更有资格继位。依据宗法，姬阓继位本无疑议，但实际上却在不同卿臣集团的择党干涉下，又演变成了一场旷日持久的、造成大量王室成员死亡的流血内乱。

幽王之前，在相对齐整严肃的宗法制度框界下，周王室一直没有发生激烈的、流血的王位继承斗争。然而厉、幽之后，因宗法观念、宗法制度相继被周王自己破坏，导致嫡庶之争、长庶之争频发。尤其是从共和行政开始至周襄王即位之间有六次王位转换，其中的四次出现了王位斗争。以携王、子克、子颓、子带、子朝这五次影响较大的王室内乱而言，其基本模式都是在位的周王于王位继承问题上失法失当而埋下祸端，而那些原本不具有继承资格的王子、王弟或主动寻求、或在被动怂恿下，同畿内大夫甚至藩外诸侯勾结起事。在这些内乱中，周室的执政卿们可谓多有曝光，包括素以忠君保王为家族传承的周公、召公后代却在春秋的纷纷乱乱中出现在了违法叛王的队伍中。此外每逢内乱，畿外诸侯的干涉无不以决定性的力量而存在。就以郑国为例，在子颓之乱中，郑国即坚定地拥护合法继位的周惠王。到了子带之乱中，郑国先是支持惠王平乱，后又因滑国之事与惠王生隙而反攻惠王。子朝叛乱余波之中，在姬朝已死的情况下，其余党居然还能联合到郑国一起攻击周敬王。这说明周室内乱对于诸侯来说，只是一场投机，他们在叛乱与平乱两个立场中做出选择的依据只有对自身利益的考量，而全非宗法的原则和传统。如果我们以一种“有罪推定”式的逻辑来看待宗法政治解体的轨迹，可以说宗法之废实因周室之衰，周室之衰归由王位争夺，王位争夺效于宣王失德，宣王失德肇于共和摄政。

分封制度作为宗法制的一种延伸形式，在思想基础已然全面崩溃之下，自然难以苟存。分封制度在某种程度上可以被认为是周王“王君”实质的最后一块遮羞布，因为只要封国封君还在形式上存在，周王为天下大宗的根本底限就仍具有现实性、合法性。宗周对于封国的核心义务就是保证封国、封君不受非法侵害，即使犯有罪咎，也应是以宗周之名出师惩罪，即“礼乐征伐自天子出”。这个底限自封国出现权位转移或者出现相互攻伐之时就已被突破。较为有代表性的事例有周僖王时代晋曲沃武公篡夺晋君君位，后通过贿赂周王受封，以及周惠王时代晋国灭亡虢国，两个姬姓封国相杀，而周王却不置一语。显然分封的制度尊严自此就已开始瓦解。至三家分晋，周威烈王认可韩、赵、魏独立成国，以及周安王封田和为齐君开始，分封制度可谓其实早亡，名亦不存。伴随分封制度的彻底灭亡，王君的思想也走入了坟墓。但是这里必须要补充说明的一点是周代的宗法及分封制度作为一种宗族国家的组织原则，存在三个方面的社会功能：首先，宗法制度明确了一个宗族该如何分族立宗；其次，它明确了宗族中的大宗与小宗、本支与旁支、宗国与封国的尊卑关系；最后，宗法、分封制度明确了权位与财产的继承归属。事实上，这三点功能并非一齐走向了衰亡，第一点有关分族立宗的表达已化为一种社会文化影响至今。而第三点所表达出的“立嫡以长不以贤，立子以贵不以长”的继承方式自西周被明确固定为始，直至清代以前都是君位继承的根本原则。所以两周之际出现动摇、崩解的是第二点，即有关于宗族内部不同支系尊卑亲疏关系，及其延伸出的政治义务，故曰“宗法政治”。

二、天命观念的移易

“王君”思想中的“王君至尊性”是依靠宗法观念建立起来的。强调大夫以诸侯为宗，诸侯以周王为宗。周王位极人间，他自诩为天之元子，其王位与权能是来自上天赐予，所以周王可以理解为是以天为宗。故而宗法思想在结构层次上的终极一环是依靠天命观念来诠释的。如同孩子不愿意分享父母之爱一般，对于所谓的“天命”的解释权也是周王最不愿分享的政治资本。《大雅·文王》有“周虽旧邦，其命维新”，所谓“旧邦”乃指商代那个偏居一隅的周方国，所言“新命”是谓武王翦商、创建周王国的历史契机，所以在观念上“周方伯”与“周王君”之间相差的最重要的内质就是“天命”的有无。“天命”是周王权力合法性、权力来源的最终解释。故而膺受天命、馈祀上天也是周王的独有权力。当春秋时代天下大乱之时，宗法政治濒临解体，但构建于宗法体系之上的天命观却并未同步破产，而是在两个利益方向上出现了发展殊途。

首先置于姬周王室或尊王角度来看，“天”作为人间最高主宰的地位并没有改变，改变的只是天对于周的眷爱。西周时代天命观念中认为“皇天无亲，惟德是辅”[①]，上天的降恩授命取决于人间君王的德行。那么将这条逻辑倒转过来就是人间君主如果不施德行，上天就会收回成命。结合周武翦商之后，姬周政权对于自身政权的合法性话语构建来看，如果上天收回了授命，就必然要寻觅新的对象授予其天命，而新的天命受主将通过所谓的伐罪战争来实现对旧受主的革命。姑且不讨论所谓“德”的全面含义，西周末年的周王失德却是人尽认可的，大量的刺王诗即为明证。恰于此人事不和之时，又有旱灾、地震、瘟疫、饥荒等接踵而至的自然、社会灾难，一些人开始认为这就是上天因王室失德而降下的警示，对时局和信仰起到了更消极的影响。

---

① 《左传·僖公五年》引《尚书·蔡仲之命》。

如果站在一个客观的角度去看待，王室失德，亦逢灾乱频发，这不就是天威显灵、先鉴成谶吗？所以天命观念应该此时更加巩固、更受笃信才对，但实际上这一时期周人的天命信仰呈现出衰落或者转变的迹象。尊王的周人内心处于深深忧虑之中，而这种忧虑外在表现为贬损上天的“无亲”。前文已述，周初为了构建伐纣代商的合法性解释，周人亲手将天塑造成唯德是亲，没有意志、没有偏爱的至高理性。周武翦商所高举的“天命予我”的法据，近三百年后竟变成“天命弃我”的罪由。周人不知道什么时候上天会真的断绝他们的国运，也不知道新的天命受主将起事于何时何地。或出于本能的自我纾解，或存在有意的舆论安抚，周人曾试图对思想中的天命意识进行消抹。故而在厉、宣、幽三朝，出现了很多怨天诗句。其中大多的怨辞是将自然灾害、黎民疾苦直接归咎到了那个不公、不善的上天，认为是直接由上天降下的。例如《小雅・节南山》所言“天方荐瘥，丧乱弘多”；《小雅・雨无正》曰：“浩浩昊天，不骏其德。降丧饥馑，斩伐四国”；《小雅・小旻》：“旻天疾威，敷于下土”；《大雅・召旻》：“旻天疾威，天笃降丧”。也有埋怨上天或上帝对于人间疾苦置若罔闻，不予救助。《大雅・云汉》云：“后稷不克，上帝不临……昊天上帝，则不我遗……瞻卬昊天，曷惠其宁？”《小雅・正月》：“有皇上帝，伊谁云憎？”诚然也有诗曰：“下民之孽，匪降自天”[①]，“乱匪降自天，生自妇人”[②]。由

① 《小雅・十月之交》。

② 《大雅・瞻卬》。

此认为世间丧乱是人事之祸，非上天之咎。但总的来说，当时周人满怀的是一种无奈中的假想，希望上天不要保持原本铁面无亲的形象，希望上天变成周人保护神一般的存在。追述周初天下安泰时的上帝[①]，是《大雅·皇矣》中的“监视四方，求民之莫”那般为了黎民幸福四方求索的可爱形象，而到了春秋时代，则变成了“上帝板板，下民卒瘅”那般令人恐畏、怨尤的形象。也正是源于周人将天灾人祸附会到了天、帝之上，一方面导致了其信仰形象的混乱，另一方面导致了天、帝信仰的选择性衰亡。

反观另一方利益群体，也就是在春秋乱局中崛起的封君诸侯们，在周室德衰、丧乱频仍的环境里正在积极谋求脱离分封的桎梏，创造更加独立的发展可能。皇天弃周，即将“改厥元子”[②]，这原本就存在于天命观念中的理论无疑成为他们扩张权力范围、构建自身正义的抓手。所以在诸侯势力的舆论话语中，可发现天命观念被僭用，并在一定程度上得到了巩固和发展。周人翦商，得上天授命，承接天命的是文、武二王，此后言天言命就是姬周王室的特权，但到了春秋早期，诸侯就已出现僭用天命的情况，循《秦公镈》中记载：

秦公曰：“我先祖受天命，赏宅受国。烈烈昭文公、静公、宪公不坠于上。昭和皇天，以虩事蛮方……膺受大命，眉寿无疆，匍

① 上帝信仰与上天信仰在周代逐渐呈现合并的趋势，至春秋时代，基本可以混为一谈。

② 《尚书·召诰》。

有四方，其康宝。”[①]

《秦公镈》铭文中提到了秦文公、静公、宪公[②]，故而其成器时间最早可为秦出子时代，推测不会晚于秦穆公，也就是大致于周桓王至周襄王之间，此时中原的诸侯争霸正值高潮，齐桓公高举“尊王攘夷”的大旗，不可一世。这时秦君就开始称颂先祖膺受天命，将自己的一方国野宣扬成上天的“赏授”。如果说秦国受封诸侯太晚，而且封于西鄙戎人窃据之地，所以对周王缺乏天然的敬畏。那么作为姬姓晋国僭用天命则更能说明问题。《晋公盆》大约成器于晋定公时代，时值周室王子朝之乱前后，吴越争霸正炽。器铭曰：

晋公曰：“我皇祖唐公，□受大命，佐佑武王。”[③]

晋国在几次王室内乱中不可谓出力不多，在平叛和攘夷方面为王前驱，显得忠心耿耿，然而背地里仍是一颗僭主的心地。

春秋时代诸侯将“天命”移植到了自家本邦的国运解释上，出

① 《殷周金文集成释文》卷一，第 235–237 页。

② 《史记·秦本纪》作“竫公”“宁公”。

③ 中国社会科学院考古研究所编：《殷周金文集成释文（第六卷）》，香港：香港中文大学中国文化研究所，2001 年，第 194 页。

现了诸如“天祸许国”[①]、“天祸卫国”[②]、“天祸鲁国”[③]等，由于封君的族权和政权皆为宗周赐予，本当以宗周为宗。僭称天命，实则代表了封君意欲脱离宗周分封的意愿；春秋时代的天命观除了下移至诸侯封国之外，还有一点变化，即周初所言“天”，是指国运的主宰之天。周文、武受天命，只不过正值周文、武二王在位来执行天令的革命罢了，其本质还是上天授命周邦代商。而在春秋时代，天命开始被用以谓指个人的命运主宰，即上天以“启”“兴”的方式赋予某个个人不凡的使命或运势。例如介之推对晋公子重耳有评价曰：“天未绝晋，必将有主。主晋祀者，非君而谁？天实置之。”[④]郑大夫石癸评价郑公子兰称其“天或启之，必将为君”[⑤]，除了授予使命给个人，对于危难之人，天还能出手相救，《左传·昭公二十七年》有记曰：“季氏之复，天救之也。”甚至孔子亦言“三十而立，四十而不惑，五十而知天命”[⑥]。春秋时代皇天观念的第三个变化是出现了对天命的绝对性解释。周初的天命观念认为天命考量着王君的德行，是可以改易扭转的，而春秋时代的一些记载却展现了一种不可抗拒、不容违逆的天命。例如晋重耳流亡郑国期间，郑大夫评价重耳“天之所启，人弗及也”[⑦]，认为重耳

---

① 《左传·隐公十一年》。
② 《左传·僖公二十八年》。
③ 《左传·昭公二十八年》。
④ 《左传·僖公二十四年》。
⑤ 《左传·宣公三年》。
⑥ 《论语·为政》。
⑦ 《左传·僖公二十三年》。

是天选之才，是任何人的才智都无法企及的。再如楚成王告诫令尹子玉不要与晋国交战，理由是“天之所置，岂可废乎？”[①]晋大夫伯宗也有用类似理由劝阻晋君不要与楚国交战，他认为“天方授楚，未可与争”，即使晋国再强大，又“能违天乎”？[②]

总结起来，作为姬周立国的皇天信仰在西周时代一直是王君观念的核心组成，但在春秋时代出现了较为明显的动摇和变迁。一方面是尊王一方出于忧惧心理，对象征着至高客观理性的天进行了想象改造，希望天能变得亲和可爱，从而保佑周人远离灾祸，回归周初的安宁时代；另一方面，封君诸侯开始僭用天命的概念，但由于诸多封君、贵族僭用的混乱无序，皇天信仰及天命观念出现内涵杂乱的情况，“天”本是一个高高在上的终极义道，而此番却成了一个任人诠解的俗理。弃用、曲用、滥用，一方面造成了皇天信仰的自身崩坍，另一方面破坏了未来发展的可能。随着皇天信仰的瓦解，新的信仰主宰还未成熟，这甚至造成了一段时期的信仰真空。就历史结果来看，至秦代始皇巡游刻石中，已经全然不见“天命”之语，皇天观念在春秋及其后战国时代的发展确是走向衰亡了。作为王君思想的最核心组成，皇天信仰的崩塌本身就宣布了王君型君权思想离开了历史舞台，汇入了消逝的洪流。

---

① 《左传·僖公二十八年》。

② 《左传·宣公十五年》。

第二节　两周时代的僭称现象

在商代的册封体系之内，是允许除商王以外君主称“王”的，而至周代，姬周统治者通过宗法、分封、分社等制度改革以及神人观念的构建，实现了周王权位的国中独尊，“独一性”和“至尊性”也是“王君”这一思想观念的核心属性，但维系这种独尊地位依靠的则是暴力制裁，以及暴力威慑之下的被动自觉。一旦宗周的政治、经济、军事实力出现衰落，姬周王君的独一性、独尊性则最早显现出遭受侵害。透过两周，尤其是战国时代诸侯的僭称行为，我们可以描摹出一道清晰的王君思想消弭的轨迹，这道轨迹同时也是后继帝君思想的发轫轨迹。

一、两周时代的僭号称王

西周王权的衰落一般被认为始于周穆王时代，司马迁在《周本纪》中即有言曰：“穆王即位，春秋已五十矣，王道衰微。”而且从考古学角度来看，西周早期的文物，特别是有铭铜器，曾大量出土于甘肃、陕西、山西、河南、河北、辽宁以及山东等广大地域。到了穆王以后，出土铜器的地区忽然缩小了；西周中期、晚期有铭铜器几乎都出土于陕西渭河流域以内。这个田野考古区域的缩小很可能意味着此时周王朝所控制疆域的缩小。[1]也正是在这一时期，出现了徐方称王事件，《今本竹书纪年》有记载，穆王十三年发生了“徐戎侵洛”。这里的“徐戎”应属东夷的一支，东夷诸族在西周金文中有东夷、淮夷、淮南夷、南夷等分支或称谓。同于穆王时代的《彔䢅卣》则记载了周王命令一名为䢅的将领率军出征的史事，此次出征正是因为“淮夷敢伐内国”[2]。另据《后汉书·东夷列传》记载：

至后徐夷僭号，乃率九夷，以伐宗周，西至河上。穆王畏其方炽，乃分东方诸侯，命徐偃王主之。

徐方并非姬周封国，与周王本无君臣之名分，所谓“僭号”一说，当属周人的巧言令辞。但无论是出土文献还是传世文献，均可证明当时周与东夷诸族曾长期进行战争，自武王至宣王逾二百年始终未能获得对东夷的全面胜利。穆王时代“徐戎侵洛”甚至威胁到了雒邑畿辅，这一周王国的核心内地。通过《䢅簋》《彔䢅卣》《䢅方鼎甲》的铭文记载，知此一战周军最后虽然击退了徐方的军队，但也只是防御性胜利。国势衰颓如此，周王只能接受徐方称王的现实。徐方称王一事直接动摇了周代王君观念中的扩张属性，

---

① 夏含夷：《西周之衰微》，载吴荣曾主编：《尽心集——张政烺先生八十庆寿论文集》，北京：中国社会科学出版社，1996年，第122页。

② 中国社会科学院考古研究所编：《殷周金文集成释文（第四卷）》，香港：香港中文大学中国文化研究所，2001年，第163页。

即周王君的独一性和至尊性不再对非其势力范围内的政体有效。周王从“天下之王”萎缩成了“中国之王”。

徐方称王一事很有可能直接影响到了南方的楚国，而真正意义上的第一位僭越称“王”者，就是楚国君主。楚君乃周之封君，周成王时分封熊绎于楚，然而仅仅是“封以子男之田”[①]，这也成为后世楚君与周对抗的一个自辩说辞。周夷王之时，周王权进一步衰落，楚君见机僭越称王，循《史记·楚世家》载：

熊渠曰：“我蛮夷也，不与中国之号谥。”乃立其长子康为句亶王，中子红为鄂王，少子执疵为越章王，皆在江上楚蛮之地。及周厉王之时，暴虐，熊渠畏其伐楚，亦去其王。[②]

由上可见称“王”与否，关乎着两个重大的政治态度：(1)是否服属于周王的统治。由于在周王国的政治框架之内，只允许存在一个“王”，且王位只由姬周世代宗子继承，故若尊奉周室之君为王，即等同于承认自身的从属地位。(2)周王之“王”乃是中国之王。天下之大，有内中国、外夷狄这样的二元格局，楚君若自称蛮夷之王，则就与周君所称的中国之王不相干涉了。虽然这样的说辞在理论上能够成立，可是面对后来周厉王讨伐的大军，楚君熊渠还是去王号以示屈服。

① 《史记》卷40《楚世家》，第2042页。

② 《史记》卷40《楚世家》，第2043页。

实际上直到周夷王时代，周室王权仍然表现得十分强大，甚至有发生因微小的罪责或谗言而鼎烹齐哀公的事例。虽然从楚君僭称王号一事可见周王权衰的端倪，但从另一方面来看，即使周王权势强大，以当时的生产力水平也未必支撑得起宗周对那样的边远地区实施控制。此外由于楚国本来居于楚蛮之地，楚国君族亦非姬周宗亲，且自称“蛮夷”，所以楚君的僭越称王具有与徐方称王的性质归为一谈的解释空间，可以将之划归为一次个例的、偶发的外部政治危机，这样能在一定程度上暂时锁闭了其他封国发生连锁式僭越称王的理论可能。然而这虚假脆弱的好景不长，周桓王十四年，楚国进攻随国，强迫随人承认楚君王号，《史记·楚世家》记载：

（楚武王）三十五年，楚伐随。随曰：“我无罪。”

楚曰：“我蛮夷也。今诸侯皆为叛相侵，或相杀。我有敝甲，欲以观中国之政，请王室尊吾号。”

随人为之周，请尊楚，王室不听，还报。

三十七年，楚熊通怒曰：“吾先鬻熊，文王之师也，早终。成王举我先公，乃以子男田令居楚，蛮夷皆率服，而王不加位，我自尊耳。”

乃自立，为武王，与随人盟而去。于是始开濮地而有之。

（楚武王）五十一年，周召随侯，数以立楚为王。楚怒，以随背己，伐随。武王卒师中而兵罢。

楚君向周王求尊号不成，又再次祭出了自称“蛮王”之法。这次还强迫了随国对其蛮王尊号予以承认，明确表明要脱离周王国的分封体系，独立称王于国外。而周室对楚君两次僭称王号的抵制不可谓不坚决，暂时维护住了其分封体系与王君的国内威严，然而仅仅三十五年后，这最后的底线也被突破了。周惠王六年，这一年也是楚成王元年，楚成王“布德施惠，结旧好于诸侯。使人献天子”，于是“天子赐胙，曰：‘镇尔南方夷越之乱，无侵中国’”[①]。如此一来，虽然周王与楚君仍然保持着名义上的君臣关系，但是楚君的王号也等于被周王所默认了。周王君的国内独一性确是彻底被破坏了。

虽有楚君称王之先例，但当时诸侯称王仍然被大多数封君视作罪行，或者至少诸侯们仍以抵制僭称行为作为彰显自身奉礼遵矩的表态。继楚而后僭称王号的是吴君夫差，吴国在伐楚、平越、攻齐后，国势达到巅峰。一如楚君故事，吴君称王也遭到了其他诸侯的强烈反对。黄池之会时，晋大夫董褐曾带着晋君指示对吴王夫差有言曰：

今君掩王东海，以淫名闻于天子，君有短垣，而自逾之，况蛮、荆则何有于周室？夫命圭有命，固曰吴伯，不曰吴王。诸侯是以敢辞。夫诸侯无二君，而周无二王，君若无卑天子，以干其

① 《史记》卷40《楚世家》，第2048页。

不祥，而曰吴公，孤敢不顺从君命长弟！（《国语·吴语》）

随后吴王接受了晋君对吴王只称“公”“伯”的建议，吴与晋也顺利地完成了歃血会盟。继吴之后的越国也一度“横行于江、淮东，诸侯毕贺，号称霸王”[①]。然而周元王向勾践赐胙封号也只是命之以“伯”，对其王称则不置可否。可见在战国以前，僭越称王仍然是一种在政治上非常敏感的行为，各封君诸侯基本都在“尊王攘夷”的政治号召下，一边征伐蛮夷，一边又于诸夏开展争霸活动。而霸主身份须以竞争对手的共同认可为前提，所以若非利令智昏，封君是不会僭越称王的。

伴随着周王权威进一步衰弱，由“尊王攘夷”这面大旗所维系的那点仅存的凝聚力和约束力也已消散。在攘夷战争中积累了雄厚政治、军事资本的诸侯们再一次鼓足了勇气开始挑战制约自己权力升级最重要却也是最薄弱的一环。在战国初期，最先强兴的魏国首发称王事端：

魏伐邯郸，因退为逢泽之遇，乘夏车，称夏王，朝为天子，天下皆从。齐太公闻之，举兵伐魏，壤地两分，国家大危。梁王身抱质执璧，请为陈侯臣。(《战国策·秦策四》)

魏王说于卫鞅之言也，故身广公宫，制丹衣柱，建九斿，从七星之旗。此天子之位也，而魏王处之。(《战国策·齐策五》)

---

① 《史记》卷41《越王勾践世家》，第2107页。

魏国称王也是以国力崛起为前提的，魏君公然僭用周王的仪仗和名号，却又朝觐周王，有讨好周王、以博认同的用意。魏君这般奢侈虚荣之举毫无疑问地成为其他诸侯的戕伐理由，将自己置于众矢之的。为了缓解这种矛盾，魏君拉拢了齐君一同称王，史称齐、魏“徐州相王”；也正是这样一种“聚众效应”又引发后来秦君与韩、赵、魏并称王。再不久后又有了齐、赵、魏、燕、中山的五国相王。至战国末期，除了国小势弱的卫国，诸侯皆已称“王”。《史记·周本纪》记载：“（周显王）四十四年，秦惠王称王，其后诸侯皆为王。”[①]

二、战国以后的称帝尝试

春秋时代魏、齐、秦等国封君纷纷称王，标志着以宗法分封为根本国体的周王国的统治秩序彻底崩坏，周王无论在名义上还是实际上都已不是独尊天下的“王君”了。春秋时代诸公竞逐的争霸战争也演变成战国中后期多王相诛的兼并战争。但由于称王者日多，王号也就不再显得那么尊崇了。人间的王想要再实现一次权位形象的跃升，只能瞄向“帝”这个原本并不属于在世之人的尊号了。终于秦昭王率先尝试“称帝”，为了寻新拢故，也为了分散矛盾，他派魏冉为齐湣王送去帝号，相约共同称帝，分号“西帝”

---

① 《史记》卷4《周本纪》，第200–201页。

与“东帝”，然而当年二帝“皆复去之”[①]。在这个称帝又去号的过程中，苏秦是一个重要的人物。他在齐湣王问及关于称帝一事时这样应答：

苏秦自燕之齐，见于华章南门。

齐王曰：“嘻！子之来也。秦使魏冉致帝，子以为何如？”

对曰：“王之问臣也卒，而患之所从生者微。今不听，是恨秦也；听之，是恨天下也。不如听之以卒秦，勿庸称也以为天下。秦称之，天下听之，王亦称之，先后之事，帝名为无伤也。秦称之，而天下不听，王因勿称，其于以收天下，此大资也。”（《战国策·齐策四》）

苏秦谓齐王曰：“齐、秦立为两帝，王以天下为尊秦乎？且尊齐乎？”

王曰：“尊秦。”

“释帝则天下爱齐乎？且爱秦乎？”

王曰：“爱齐而憎秦。”

“两帝立，约伐赵，孰与伐宋之利也？”

对曰：“夫约然与秦为帝，而天下独尊秦而轻齐；齐释帝，则天下爱齐而憎秦；伐赵不如伐宋之利。故臣愿王明释帝，以就天下；倍约傧秦，勿使争重；而王以其间举宋。夫有宋则卫之阳城

① 《史记》卷5《秦本纪》，第267页。

危；有淮北则楚之东国危；有济西则赵之河东危；有阴、平陆则梁门不启。故释帝而贰之以伐宋之事，则国重而名尊，燕、楚以形服，天下不敢不听，此汤、武之举也。敬秦以为名，而后使天下憎之，此所谓以卑易尊者也！愿王之熟虑之也！”（《战国策·齐策四》）

苏秦的两段论述其实都是在劝说齐滑王慎重称帝，称帝这一行为在政治上、舆论上是一着险棋，与其同秦王一起称帝而被天下憎恨，不如趁此契机孤立秦国，从而赚取更大的实惠。

秦、齐相约称帝一事代表在当时的普遍思想认识上，“帝”已经可以用于在世君主的称谓了。与之前多国相约称王性质不同的是，秦、齐称帝有明确各自势力范围的意味。当时秦、齐分别为西方、东方两个地缘政治板块中的主导力量，所以也期冀通过称帝一举划定各自的势力范围，试探各自的势力集团。这一点在后来苏秦向秦王提出的“并立三帝”中也有表现：

秦为西帝，赵为中帝，燕为北帝，立为三帝而以令诸侯。韩、魏不听，则秦伐之；齐不听，则燕、赵伐之，天下孰敢不听？天下服听，因驱韩、魏以攻齐，曰，必反宋地而归楚之淮北。夫反宋地，归楚之淮北，燕、赵之所同利也。并立三帝，燕、赵之所同愿也。夫实得所利，名得所愿，则燕、赵之弃齐也，犹释弊躧。[1]

① 《战国策》卷29《燕策一》。

可见苏秦所谓之“帝”其实相当于区域霸主，意图构建的是以“帝”为主、以“王”为从的军事联盟体系。这种“帝”与后来秦始皇所设计的大一统中央集权国家的皇帝还是不同的，不能算是“帝君”思想的产物，甚至连“王君”形态都不能算，由“一帝多王”组成的军事集团反倒是与“邦君”时代那种邦国联合体的形态颇为类似。

苏秦对秦公所提出的“并立三帝”可能并没有实现，随着齐、秦皆去帝号，战国时代仅此一见的称帝尝试即告结束。直到秦灭六国，初并天下之时，秦王政才再一次称帝，但那时周室已经灭亡，所有“称王”“称帝”都不再是一种僭越行为了。

第三节　“帝君”观念的思想源流

《礼记·表记》中记载了一段孔子的讲话：

夏道尊命，事鬼敬神而远之，近人而忠焉，先禄而后威，先赏而后罚，亲而不尊；其民之敝，蠢而愚，乔而野，朴而不文。

殷人尊神，率民以事神，先鬼而后礼，先罚而后赏，尊而不亲；其民之敝，荡而不静，胜而无耻。

周人尊礼尚施，事鬼敬神而远之，近人而忠焉，其赏罚用爵列，亲而不尊；其民之敝，利而巧，文而不惭，贼而蔽。

这段叙述至少代表了一种存在于春秋末期的历史演进观。“夏道尊命”“殷人尊神”“周人尊礼”，所表达的思想依今人视角来观察，可以理解为夏代时处古远之世，其政治表达仍未脱离那种以个人才干和功劳为权力获取前提的英雄政治。到了商代，有形有情的神灵，尤其是祖先神灵支配着大到战争国祚、小到建屋产子等一切事物，其国家政治表现出浓厚的神本色彩。周人尊礼，表达出周代是以宗族亲缘关系所衍生出来的一系列“礼法”来实现的公共治理，姬周君主的权力来源也是通过与至高主宰皇天所建立的亲缘关系而展开诠释的。然而东周的政治板荡带动了旧制度与思想的消亡。祖神的狭隘、宗法的崩溃、皇天的失尊都使得战国诸雄不得不去寻求一个新的政权合法性宣传话语体系。也正是这种对新的诠解话语的构建，将带动新的君权思想的诞生。然而不同于商周之际那种因不同文化基础的氏族之间发生权力转移所带动的君权意识跃变，战国诸侯只能在周文化的残墟之上去捡拾旧有观念的碎片，从而拼补出一方画卷。

一、“民主”思想的勃兴

西周时代，周王国的政治结构是依靠宗法观念和制度层层架设起来的尊卑秩序体系。皇天、王君、诸侯、大夫、卿士每个层级的权与力均被认为是上一层级赋予的，所以为君为政之人在认识自身责任与义务时，所持的是一种唯上的逻辑。但当春秋时代以周王失德为诱因，宗周经济、军事实力衰落为本因的王权危机引发了诸侯阶层的不满和不忠，政治的金字塔就发生了中段崩塌，居于最高处的皇天信仰也随之坠落。

虽然脱去了缰索，但封君诸侯在根本的君权思想上还停留在“王君”阶段，他们对上开始僭用天命，对下仍然与公族小宗和卿族分邑授民。禁锢于“王君”形态君权的思想认识使得诸侯国君也体尝到了周王的苦楚。一次次的弑君篡位、一次次的卿族摄政甚至取而代之，令各个诸侯国君都开始思考并寻求新的政权与君权体系。战国时代各国以强公杜私为出发点的改革再也不能重拾周王君那套“以天为宗”“改厥元子”的说辞。而且天命观念的理论开口太大，上天随时可能改换天命的受主，天灾、人祸甚至偶然反常的星象也可能被舆论附会成政权颠覆、君位不保的前兆。所以与其上溯为“天子”，不如下探为“民主”，依凭逐渐强大的“民”的力量来强化执政的合法性，国君自我塑造的形象也就逐渐由“宗主”转向“民主”。

“民主”一词在传世文献中最早可见于《尚书·多方》，共有三处：

> 天惟时求民主，乃大降显休命于成汤，刑殄有夏。
>
> 乃惟成汤克以尔多方简，代夏作民主。
>
> 天惟五年须暇之子孙，诞作民主，罔可念听。

这里的“民主”，显然不是我们所习以为之的“人民做主”，而是指人民之主，其本质上是君主的一种表达方式，所谓“民”阐述的是君权的施权对象，绝非权力来源。在春秋时代，作为民的“国人”多次左右了一国一邦以及国君的政治命运。最为耳熟能详的是周厉王在“国人暴动”中失国出奔，以至身死彘野；卫懿公因国人积恨，在狄患中落得身死国灭的下场；晋惠公在被秦国俘虏又放归回国后，甚至要以“朝国人而以君命赏”[①]来向国人谢罪自省；莒国太子仆，甚至依靠国人的支持弑君篡位，史载“因国人以弑纪公”[②]；再看楚灵王之死，竟然是在国人的厌弃和决定下，不得已自杀。[③]诸此事例不再赘述，但由此可见，民，尤其是作为国都地区之民的“国人”，在春秋时代是一股不可忽视的政治力量，也为“民主”思想提供了其存在和发展的现实土壤。

在这种“民主”的意识下，作为人的独立性是不得不认可的。自商至周，人从来都是屈从于神的，无论是祖神、自然神还是那个无声无臭却主宰一切的“天”，都是超越一切人与社会的存在。人间的活动要么早已被神灵设定了结局不可改易，要么成败要视神对于行为主体的好恶来裁度。这种以神为先、以神为大、以神为本的思想我们姑且可以认为是“神本”思想。但在春秋及战国时代，神本思想备受抨击，以人的存在为大、以人的价值为本的“人

① 《左传·僖公十五年》。

② 《左传·文公十八年》。

③ 《左传·昭公十三年》记载，楚国内乱，右尹子革建议楚灵王“待于郊，以听国人”，让国人决定楚灵王的命运。结果楚都国人厌弃灵王已久，终因“众怒不可犯也”，走投无路的楚灵王选择自杀。

本”思想地位逐渐上升。神、人在价值观中的地位发生了一定程度的变化。例如宋国的司马子鱼就祭祀用人为牺牲的问题向宋襄公谏言：“祭祀以为人也。民，神之主也。用人，其谁飨之？”[①] 司马子鱼明显将神认为是人的附庸，强调人的生命高于对神的虔诚。而史嚚有言：“国将兴，听于民；将亡，听于神。”[②] 在这里，人民的好恶才是国运好歹的决定因素。随国季梁也在回答随侯之时说道：“夫民，神之主也，是以圣王先成民而后致力于神。”[③] 意即英明的君主当以人民的福祉为先，人民的幸福可以直接转达于神灵，以人为本的政绩本身就可以成为禋祀神灵的奉献。当然，这一切的变化并非证明春秋战国时代神人关系发生了根本性的倒转。只是在各方君主的认识中，自身权位的稳固更直接地取决于人民意志。以天命称国运，以天子冒人主的说辞已经不能掌控国家和社会了。君主最先要取悦的是人民，而非神灵。

作为“民主”的君主，其执政权力的正当合法性依然是来自上帝、皇天这般的至高主宰，但是其具体政策、行为的正当合理却不再由皇天、上帝等神灵来裁度，而是君主凭借个人能力与德行向人民征求来的。此外还出现“有德者恒德”这种情况，君主一旦建立一种“有德”的形象，那么其下一次施政决策就更容易地被理解为正确之法、有德之举。相反，一旦某位君主因失德而丧失了民心，那么他下一个政令无论好歹，往往会被国人先入为主地贴

---

① 《左传·僖公十九年》。

② 《左传·庄公三十二年》。

③ 《左传·桓公六年》。

上“无德”的标签。由此，抢占“民心”成为君主们最为核心的内政策略。这种抢占表现为以“利”取悦民众。春秋时代大夫富辰曾对周襄王讲到，如果君主的治政可以令人民获利，那么“民莫不固其心力以役上令”，反之“民乃携贰，各以利退”①。鲁臣曹刿有言：“小惠未遍，民弗从也。”②让一人或小部分人获利，并不能树立有德之君的形象，做到普施民惠才可以。因施民惠，成功笼络人民力量进而取得巨大政治成功，当举陈氏代齐一例。齐臣晏婴在谈到陈氏日渐强大的原因时认为“陈氏厚施焉，民归之矣”③，在《左传·昭公三年》有记载：“（陈氏）以家量贷，而以公量收之。”是即陈氏以私家较大的量器向民众贷出粮食，却用较小的公室量器收回。虽是一种简单而直接的物质恩惠，但这量器的一大一小之间却把陈氏与姜氏之德比出了一高一低。后来的陈氏代齐也正是在这种广泛而坚实的民意下顺利发生了。可见在当时的社会思想中关于正统、宗法、天命的思考已然式微，更多的则是对国君价值评判中的唯利主义。民对君的唯利，必然也导致了君主施政的唯下、唯民逻辑。

“民”在东周时代逐渐参与到了君主和国家政治活动中，并愈发凸显出强大的力量，以至在战国末期，有了民贵君轻④的言论。这种转变一方面借由偶发的社会动荡，另一方面也是人本思想发

---

① 《国语·周语中》。

② 《左传·庄公十年》。

③ 《左传·昭公二十六年》。

④ 《孟子·尽心下》：“孟子曰：‘民为贵，社稷次之，君为轻。’”

展的产物。因为在神本时代，人的命运被认为是神灵操控的，一切对生活和命运的期冀都要寄托于神灵对人间疾苦的察觉，所以也使得君主将绝大多数的精力用在了如何构建“神—君”的关系上，而相对忽略了“君—民”的相互认知。也正是基于社会对为君之人“民主”的祈望，战国时代的君权观念开启了新的、针对民而存在的自我形象构建。

二、圣王思想与“圣化”运动

春秋时代开始勃兴的民主思潮无疑对君主施政的出发点与个体素质提出了新的要求。作为“民主”的君主，应当是一位把国民切实利益始终置于首位、把天下之人的共同福祉视作至高追求的人。在春秋战国那个战乱不息、民生多艰的时代，“民主”是一个被社会寄托了最美好愿望的君主形象。如果说商人将安定、幸福生活寄托于祖先神灵，周人寄托于皇天上帝，那么西周以后，尤其是战国之后人们便是寄托于一位完美之人来做他们的民主之君。理想中的这种君主拥有的是近乎完美的人格与智慧，这种人及其所代表的素质被称为“圣”。

“圣”在甲骨文中即有出现，在周金文中已较为常见。金文中的“圣”字形从耳从口，意口耳相通。所谓“闻而知之，圣也”[①]。《说文》曰：“圣，通也。从耳，呈声。”先秦传世文献中“圣”多

① 荆门市博物馆编：《五行》，《郭店楚墓竹简》，北京：文物出版社，1998年，第150页。

为聪智、通慧之意。《洪范》有曰："睿作圣"，即聪颖、睿智。《小雅·正月》有"召彼故老，讯之占梦。具曰予圣，谁知乌之雌雄！"这里的"圣"形容在问筮占卜中的灵通。

先秦时代人们使用"圣"来描述智识渊博、谋略深远、品德敦诚等，除了身体素质以外的几乎一切美好的精神素质，且其形容对象仅限于人。"圣"乃是一种获得性的精神品质，并非人所天生自有。它需要通过后天的教育、自省而具备，例如孔子认为一人若要接近于"圣"，当"志于学""立于礼"以至"不惑"，进而在这种知识的基础上实现"知天命"，以此再进一步，即达到了"耳顺"，也就是"圣"的精神境界。[①]孟子对于如何获得"圣"，则是强调"心"的作用，即所谓的"尽心"。孟子认为人性本善，越是贴近本性，就越能贴近圣的境界。相比于孔子的致圣模式，孟子的思想更具有人本主义色彩，在强调人对本心操控的主动性的同时，几乎完全跳出了以"天"为认许主宰的窠臼。

此外，"圣"也非永有，它虽然可以获取，但也可能因为骄傲恣纵而丢失。《多方》中所言"惟圣罔念作狂，惟狂克念作圣"，意即圣人若摒弃了"天意"，也就是"念"，那么他就会变成狂悖之人；反之一位狂悖无知之人如果时刻将"念"谨存心间，那么他就有可能变成圣人。《多方》成文于周初，所以"天"在文中仍以一种支配力量存在，即便如此，"圣"远比"命"更加强调人的

① 《论语·为政》："子曰：'吾十有五而志于学，三十而立，四十而不惑，五十而知天命，六十而耳顺，七十而从心所欲，不逾矩。'"

独立存在与主观能动。此外，“圣”绝非一种完美的精神品质，它的含义中容许在不同方面有所侧重，也允许有所偏失。《孟子·万章下》有记载：“伯夷，圣之清者也；伊尹，圣之任者也；柳下惠，圣之和者也；孔子，圣之时者也。孔子之谓集大成。”这里例举的伯夷、伊尹、柳下惠、孔子都是因不同的精神品质优势而奉入圣人之列，而在孟子眼中，只有孔子的“识时务”才算得上“圣”的集大成者。

圣作为一种精神品质，更多是在强调人内在的心理素质，由“圣”这般的精神境界外化而成的行为就是所谓的“德”，“德”被认为是用于同上天交兑天命的可量化的价值。“圣”也因此具有了与“天命”这类象征政权合法性的思想事物产生勾联的可能。然而不同的是，“圣”是人对我者与他者的一种独立评介，“德”则要依靠上天来进行降示。进入西周以后的动荡时代，天命神佑这番说辞逐渐被人抛弃，人们意识到世间之乱，盖人之乱；世间有治，乃人之治，所以更具有人本色彩的“圣”逐渐抢夺了神本意义的“德”所占据的思想空间。由此，原本由上天选择有德之君降下安宁的政治理想模型，逐渐开始转向由圣贤之君直接带领人民创造安宁。这一变化在西周末期就已有些微显现，《诗》中即有将时局治乱与圣人存否相联系的思想。如下三例：

国虽靡止，或圣或否。（《小雅·小旻》）

秩秩大猷，圣人莫之。（《小雅·巧言》）

靡圣管管，不实于亶。（《大雅·板》）

上述三例表达的观点认为天下之所以祸乱，是圣人太少；天下若求安定，需要有圣人作则。“圣人”也正是在这样的思想环境下逐渐凸显出了其参与政治，甚至掌执政权的正当性。战国之世，君主、卿士、诸子无不发现了“圣人”这个具有丰富意识形态意义的概念，释圣、崇圣、比圣的风气一时张炽。不少圣人形象应运而生，于是在思想与现实两个维度分别出现了所谓的“圣化思潮”与“圣化运动”。

所谓“圣化”，简单来看就是将历史上的一些君主标以圣人的身份，继而向当世君主供以垂范。“孟子道性善，言必称尧舜。”① 效法前贤古圣是春秋以降的一种社会风气，这一时期尧、舜的圣君形象，及与圣君相对举的桀、纣的暴君形象都被格外突出。圣化运动最明显的社会效应就是激发了禅让思潮。“禅让”即是强调禅位授圣，不独家之。② 近些年伴随着出土文献《唐虞之道》③《子羔》《容成氏》④等竹书篇章研究的推进，已确定战国中期流行禅让的思潮。其所带来的影响也是显而易见的：先有秦孝公“疾且不

① 《孟子·滕文公上》。

② 历史上是否真的存在“禅让”学界有所争论，顾颉刚先生认为尧舜禅让是在春秋末期才出现的。有关于这一点请参见顾颉刚编著：《古史辨（一）》，上海：上海古籍出版社，1982 年，第 52 页。

③ 见于荆门市博物馆编：《郭店楚墓竹简》，北京：文物出版社，1998 年。

④ 《子羔》和《容成氏》见于马承源主编：《上海博物馆藏战国楚竹书（二）》，上海：上海古籍出版社，2002 年。

起，欲传商鞅，鞅辞不受”[①]，继有燕王哙禅位予相国子之，后又有赵武灵王提前传位太子。

“圣化”一般会被理解为儒家士人的政治理想，但其实它也是先秦诸子在文化认同上的共同点。虽然先秦诸子在人性论、致圣论方面存在众多分歧，但在政治理想中，却都是企盼着一位身心兼备他们所定义的“圣”的君主来治理人民。围绕着“圣”与“王”如何进行结合，有先秦最后一位大儒之誉的荀子的观点最为具有集大成性与代表性，也对后世影响最大。荀子将圣人分为圣师、圣臣、圣君[②]、圣王四个层次。以圣王为圣人的最高层次，他认为圣王当内修圣心，外塑王行，即所谓“内圣外王”。“内圣”是君主对自体精神素质的自我升华，包括了致礼[③]、修身[④]、明心[⑤]三个部分。荀子的“致礼”可谓凝结了孔子的“志于学”“立于礼”的思想，认为应当以学智养识塑造一种知识素养，进而由知识素养激发道德觉醒，这便是第二阶段的“修身”。而“明心”阶段意在以知识素养、道德觉醒为基础，通过进一步的内心自觉实现与天赋之人性的对话。李冬君将这一过程形容为“知识理性进入道

① （西汉）刘向集录：《战国策笺证（上册）》，范祥雍笺证、范邦瑾协校，上海：上海古籍出版社，2006年，第136页。

② 荀子认为“君”与“王”不同，小人可以为君，但不能为王。《正论》篇曰：“国者，小人可以有之，然而未必不亡也；天下者，至大也，非圣人莫之能有也。”

③ 《荀子·劝学》：“学恶乎始？恶乎终？”曰：“其数则始乎诵经，终乎读礼；其义则始乎为士，终乎为圣人。”

④ 《荀子·修身》：“以修身自名，则配尧、禹。”

⑤ 《荀子·解蔽》：“人何以知道？”曰：“心。”“心何以知？”曰：“虚一而静。”

德理性，以道德理性启迪先天理性”[①]。而所谓“外王”可以理解为“内圣”的实践，“外王”又包括“制命”“正名”“立制”三个阶段。“制命”即“制天命而用之”[②]，是一种建立在对客观规律充分认识的基础上进行主观认识改造的行为，荀子认为“唯圣人为不求知天”[③]。在荀子的思想中，已经可以发现相当程度的理性觉醒，所谓的“天命”实际上是人命，所谓“天道”实际上是人道。在知命、制命的基础上，“正名”和“立制”即为对世界的重新认知与整合的过程。《正名》篇曰：“故王者之制名，名定而实辨，道行而志通，则慎率民而一焉。”可见正名一举，是将君主的意志同名物挂接，从而统一成民众所接受的政统语言。名定而制立，《解蔽》篇曰：“曷谓至足？曰：圣王也。圣也者，尽伦者也；王也者，尽制者也。两尽者，足以为天下极矣。”这里认为圣人乃明人间大伦者，王乃明人间洪制者，圣与王的结合，方为“天下极”，即言圣王乃是一切世间真理与美善的集合。

历经孔、孟、荀等诸子，儒、道[④]、墨等诸派的思想碰撞、融合。战国末期完成了在政治理想方面由敬天向崇圣的文化转向。人间的君主已由天授命的天子，更明显地倾向了自修圣的民主。

---

① 李冬君：《孔子圣化与儒者革命》，北京：中国人民大学出版社，2004年，第58页。

② 《荀子·天论》。

③ 《荀子·天论》。

④ 道家老子所持圣人之论认为，圣人当“绝圣弃智”，完全回归质朴的本初形态，摒弃耳聪目明，及其所必然至于的智巧与心邪。《老子·十九章》曰：“绝圣弃智，民利百倍；绝民弃义，民复孝慈；绝巧弃利，盗贼无有。”

三、由“圣为王”走向“王为圣”

荀子的“圣王”思想堪谓战国末期圣人观念的大成形态，其“内圣外王”的思想是圣心、王行两阶段的完全阐述，但在这里我们发现，所谓“内圣”阶段强调的是人的自我修行，在理论上是任何凡人都可以实现的，但“外王”的实践却是常人无法涉足的。虽然孔子是为“圣之集大成者”，汉以后甚至誉名“素王”[1]，荀子也被他的弟子奉尊“宜为帝王”[2]。然若不能得地与民，“圣王”之理想就有如海市蜃楼。所以这里存在着一个理论倒转的空间，同时也是一种绝对式的逻辑反推，即“圣为王”反置为“王为圣”。“圣为王”是以圣为先决条件，而后为君为王；“王为圣”则是以王为唯一对象，再依其智识德性来定义“圣”。到了战国后期的诸子争鸣中，围绕着这两种圣化逻辑，出现了两种相互对立的政治主张，一方即是由儒家孔、孟、荀一系传承的“圣为王”的圣化思想；[3]另一方就是以法家为代表的“王为圣”的圣化路径。

---

① 素王意即“朴素圣王”，本为道家的政治理想中的偶像。汉代儒学列居官方意识形态之后，“素王”几乎成为孔子的专称。而在传世文献中，“素王”一词最早见于《庄子・天道》：“夫虚静恬淡寂漠无为者，万物之本也。明此以南乡，尧之为君也；明此以北面，舜之为臣也。以此处上，帝王天子之德也；以此处下，玄圣素王之道也。”

② 《荀子・尧问》。

③ 李冬君：《孔子圣化与儒者革命》，北京：中国人民大学出版社，2004年，第2页。

“法家”[①]一语最早在《孟子·告子下》中即出现了，但此之“法家”是指遵国法、明品秩、忠君王的卿臣，不是指学术流派。事实上战国法家并无明确的组织与学派称谓，“法术之士”[②]、“耕战之士”[③]均被用以称谓这些以“法治”为政治思想基点之人。法家政治思想的一大特点就是并不重视君主个体的道德内化，而是直接强调君主用权的智巧。《管子·法法》曰：“人君之所以为君，势也。”这里的“势”应理解为君主用权力开拓的一方成就与既存权威。《韩非子·八经》曰：“势者，胜众之资也。”两条结合，我们可以理解是为君之人以智巧用权造势，以权势威服众人，以威服自专为圣。继而再以圣卫势，以势固圣。将“势”视为“圣为王”理论的内在衡量。

法家诸子中，韩非子是对日后秦帝的帝君思想影响最为明显者。他是先秦法家的集大成者，同时也兼容其他学派思想，其在《韩非子》一书中所塑造的圣王，既非智者，亦非仁者，而是高尚气力的武者。他认为“上古竞于道德，中世逐于智谋，当今争于气力”[④]。简而言之，谁能以武力统一天下，谁即为至圣之君。如此

① 《孟子·告子下》：“入则无法家拂士，出则无敌国外患者，国恒亡。然后知生于忧患而死于安乐也。”

② 《管子·明法解》：“凡所谓忠臣者，务明法术，日夜佐主，明于度数之理以治天下者也。奸邪之臣，知法术明之必治也，治则奸臣困而法术之士显。”

③ 《韩非子·和氏》：“塞私门之请而遂公家之劳，禁游宦之民而显耕战之士。”《五蠹》：“聚敛倍农而致尊过耕战之士，则耿介之士寡而高价之民多矣。”

④ 《韩非子·五蠹》。《韩非子》将历史划分为上古、中古、近古、当今四个时期。每个时代都有圣君存在，上古圣君为有巢氏、燧人氏；中古圣君乃崇鲧、夏禹；近古圣君是商汤、周武。

这般，等同于将“王”与“圣”进行绝对式的拼合，导致的结果就是但凡为君之人，其智也为圣，愚也为圣，仁也为圣，暴亦为圣。“圣王”的根本衡量价值不再是对世界真知大道的体悟和践行，而是彻头彻尾的功利取向。也正是在“争于气力”的价值体系下，“圣”便绝缘于普通之人，成为君主的私藏。

第四节　秦的统一与“帝君”的终成

秦王政二十六年，随着齐王田建向秦将王贲投降。战国的大幕终于拉下，历史开始进入一个全新的时代。秦代国家可谓是一个没有质疑的时代，王震中在他的“邦国—王国—帝国”中国国家形态演进三阶段理论中认为：实行郡县制中央集权的秦代国家是典型的“帝国”形态。[1]谢维扬也认为秦国家的建立是中国早期国家阶段转型完成的标志，自此出现的是古代世界最高水平的成熟国家——帝国（empire）。[2]秦帝国建立的同时也是“帝君”型君权的终成之时。上一节分析了“帝君”思想的三个主要源流，分别是民主思想、圣化思想与王圣思想。秦君称“皇帝”并建立一整套皇帝制度也是这三个思想源流的融汇结果。

---

① 王震中：《邦国、王国与帝国：先秦国家形态的演进》，《河南大学学报（社会科学版）》2003 年第 4 期。

② 谢维扬：《中国早期国家》，杭州：浙江人民出版社，1995 年，第 471 页。

一、秦始皇帝号的议定

秦初并天下之后，秦王政即令丞相王绾、御史大夫冯劫、廷尉李斯速速商议“帝”号。《秦始皇本纪》载：

> 寡人以眇眇之身，兴兵诛暴乱，赖宗庙之灵，六王咸伏其辜，天下大定。今名号不更，无以称成功，传后世。其议帝号。[①]

秦王之更改名号是为了标榜成功，宣告一个新的时代开端。王绾、冯劫、李斯给出的建议是以“泰皇”为号。最后秦王去“泰”、著“皇”、采“帝”，终成“皇帝”这一被后世沿用近2200年的君主称号。

王、冯、李三人选择“泰皇”的理由是“古有天皇、地皇、泰皇，泰皇最贵”[②]。“泰”本义为“最”，“皇”本义为旭日初升的光明之象。后也用于形容光鲜美亮貌。至于“帝”一字最早见于殷墟甲骨，写作“采”或“朿”。关于“帝”之本义，大概有三种观点：（1）以卫聚贤为代表的女性生殖器说，认为“帝”的信仰来源于对女性的生殖崇拜；（2）王国维、郭沫若等学者所持的“花蒂”[③]说，

---

① 《史记》卷6《秦始皇本纪》，第303–304页。

② 《史记》卷6《秦始皇本纪》，第304页。

③ 王国维：《观堂集林》，石家庄：河北教育出版社，2003年，第139页。

认为花蒂象征着一种对男性的生殖崇拜；（3）胡适、徐旭生所持“神”之说，“帝”即是今天“神”之义，卜辞中无“神”字，“神”乃是后来以本指雷电的“申”加上了“示”旁所构成。由于雷电现象被商人认为是最具威灵的，所以商人用“帝”来指威灵赫赫的以雷电为代表的天神。[①]殷墟卜辞中的“帝”存在两种用法，一作名词；二作动词，乃是一种祭祀之名，又写作“禘”。禘祭原本是祭祀上帝的祭礼，但是在祖庚以后，禘祭也被用于祭祀商人的先公先王，相应的现象就是商先公先王开始称“帝”。就现有的甲骨文记载来看，在小乙之前，只有高祖太乙、太宗太甲、中宗祖乙这三位功业彪炳的先王有资格升天配帝，而自武丁生父小乙始，其后的九位商王除传位于弟的祖庚[②]和末王纣辛，其余都在卜辞中称“帝”。

简单来看“泰皇”与“皇帝”在用于形容君主光辉伟大方面并无太大区别，甚至连语气轻重都相差无几，但秦王还是执意换掉“泰”字，改用“帝”字。细致分析大概存在两种可能：（1）秦始皇不喜欢“泰”字之义；（2）秦始皇对“帝”字独有钟意。就《秦始皇本纪》的记载来看，秦始皇的要求明显是求一“帝号”，也就是想要在“帝”之上添加一个彰功显德的前缀。假设《史记》的记载精准，那就来看“泰”为何不讨秦始皇喜欢。

首先我们知道秦始皇一向是厌恶复古的，《秦始皇本纪》记载

① 徐旭生：《中国古史的传说时代（增订本）》，北京：文物出版社，1985年，第198–199页。

② 祖庚传位于其弟祖甲，祖甲死后传位于其子廪辛。

的《琅邪刻石》中有这段话："古之五帝三王，知教不同，法度不明，假威鬼神。"[①] 在秦始皇眼里，古之帝王都是不合时代，只会以鬼魅神威欺骗民众。而王、冯、李三人恰恰以上古三皇之一来比喻始皇。其次，古之三皇是天皇、地皇、人皇，丞相等人所提案的"泰皇"其实就是"人皇"，丁山在《中国古代宗教与神话考》中说："秦博士所谓'泰皇'自可直接释为'民皇'。"[②] 而且战国末期孟子的"民贵君轻"思想流行甚广，故而自命不凡的始皇排斥"泰皇"也在情理之中。

依上之陈列来看秦始皇对自身权力与功业的意识。首先，在始皇令议帝号的叙述中，他将失败的六王视为"罪辜"、战国混战视作"暴乱"，其实等于将周之分封的自然历史结果视作罪恶，故而秦所要开启的必是一个不以分封为国体的新时代，新的君主名号也是一个不以分封来彰显至尊的新型权力形态。其次，始皇不屑于自比上古圣王，他所接纳的明显是韩非子的"上古竞于道德，中世逐于智谋，当今争于气力"[③] 的王圣观念。最后，始皇并不很接受"民主"思想，他执意用"帝"为号，一方面可能是一种历史遗留，与秦人深厚的"帝"信仰有关[④]；另一方面始皇可能认为自己为"神"或具有神的素质，这与他以后沉迷求仙或许是统一的。

① 《史记》卷 6《秦始皇本纪》，第 316 页。

② 丁山：《中国古代宗教与神话考》，上海：上海书店出版社，2011 年，第 479 页。

③ 《韩非子 · 五蠹》。

④ 王子今：《秦始皇议定"帝号"与执政合法性宣传》，《人文杂志》2016 年第 2 期。

二、秦始皇的“帝君”意识

秦始皇建国，开创了中国历史上第一个成熟国家形态的帝国。他作为第一位“帝君”，对自身权力形态的意识即可被视为“帝君”思想标准型。历史所记载的始皇言行和思想并不多，但始皇一生五次巡游，于所经之地留有七处刻石，其主要目的就是“宣教化、颂秦德”。这些刻石文字就是始皇君权观念、帝国观念的浓缩。刻石具有明显的意识形态宣传意味，故而字里行间透露的思想信息可认为是始皇“帝君”理想的高级标准。

七处刻石按所立时间的先后顺序排列分别是：《邹峄刻石》《泰山刻石》《琅邪刻石》《之罘刻石》《东观刻石》《碣石刻石》《会稽刻石》。但由于年代古远，七处刻石早已荒佚不见，循《史记》记载，除了《泰山刻石》，其余六处皆可见。结合六处刻石文字分析，其所宣扬的行为和思想大致可以分为以下六类：

第一，宣扬秦法神圣。如“作制明法”“端平法度”“建定法度”。

第二，宣扬皇帝圣智。如“皇帝躬圣”“圣智仁义”“秦圣临国，始定刑名”。

第三，宣扬皇帝仁德。如“皇帝明德”“德惠脩长”“圣德广密”。

第四，宣扬禽灭六国。如“烹灭强暴振救黔首”“六王专倍，贪戾慠猛”。

第五，鼓励黔首致富。如“诸产得宜”“惠彼诸产，久并来田”“诸产繁殖”。

第六，宣扬皇帝教化。如“宇县之内，承顺圣意”“训经宣达，远近毕理”。

首先相比于周代的誓、诰类文书，秦皇刻石最大的特点是对于周代的至高信仰“天”一字未提。这一点以色列汉学家尤锐有过分析：

最值得注意的是，秦始皇从来没有自称“天子”，这跟前后的天下的统治者有着明显的区别。不但如此，秦的碑文甚至从来没有提出“天”的神圣含义，也没有提出过“天命”的观念。笔者认为这个“空缺”并非偶然。尽管“天子”是至高无上的统治者，但是他同时也是天之子，在一定程度上不得不受到天的支配和管理。而秦始皇想得到的是绝对的权力，其个人地位可以说不但配天，而且比天还高；因为他的碑文从来没有表示出对天的尊重。将人类从持续几个世纪的战争和动乱中解救出来的这个人，绝不愿意受到上天或其他意志的支配。①

尤锐的观点具有合理性，但略显绝对。《史记·秦始皇本纪》

---

① ［以］尤锐：《有“救世主”特色的秦始皇：兼论秦朝在中国历史上的地位》，载葛荃主编：《反思中的思想世界——刘泽华先生八秩华诞纪念文集》，天津：人民出版社，2014年，第176页。

载："长信侯嫪毐作乱而觉，矫王御玺。"《正义》引韦曜《吴书》云："玺方四寸，上句交五龙，文曰'受命于天，既寿永昌'。"《汉书》云："文曰：'昊天之命，皇帝寿昌'。"① 虽然三处引书所记不同，但都强调了秦王国是认可天命信仰的。始皇翦灭六国之后也可能因功勋彪炳而不言天命。事实上，天命信仰在春秋末期就已经衰微了，周王、诸侯甚至卿臣大夫僭用、滥用，导致了天命信仰的式微。

根据六处秦皇刻石的表述，可以看到秦始皇的"帝君"思想大致概括为以上六点。第一点是强调秦法神圣。严刑苛法是秦代国家政治文化的一个特点，即"刚毅戾深，事皆决於法，刻削毋仁恩和义"②。

宣扬秦法神圣与第二点所宣扬的皇帝圣智是统一的，因为在秦代法治国家体系下，皇帝治民依靠的主要就是立法行为。在商鞅和韩非的思想中，也是格外强调了圣王立法的意义：

圣人之立法化俗而使民朝夕从事于农也。（《商君书・壹言》）

圣王之立法也，其赏足以劝善，其威足以胜暴，其备足以必完法。（《韩非子・守道》）

而这里可见的相对于前代的不同点就是法的本身不再假托为

① 《史记》卷 6《秦始皇本纪》，第 293 页。

② 《史记》卷 6《秦始皇本纪》，第 306 页。

“神法”，而是圣人立法、皇帝亲手“大圣作治，建定法制”[①]。秦法不假托神灵或超社会力量，其法律的权威性直接来自制法之人本身的“圣”。反观商周时期的法律则被宣扬成天赋天赐，而人君只是天法的执行者。如：《汤誓》言：“非台小子敢行称乱，有夏多罪，天命殛之……夏氏有罪，予畏上帝，不敢不正……尔尚辅予一人，致天之罚。”《尚书·洪范》曰：“天乃锡禹洪范九畴，彝伦攸叙。”

第三点宣扬皇帝仁德，意在彰显一种怀柔爱民、明察民事的君主形象，某种程度上是在迎合一种“民主”的需求，但这种思想也是西周时代“敬天保民”的传承，并非“帝君”思想所独有。

第四点所宣扬的“禽灭六国”对应了始皇初并天下后要改号彰功。从这一点看，还是源自韩非的重功利尚气力的思想。始皇着意地强调吞并六国是一种“诛暴”行为，就逻辑来看也是在宣扬秦帝为民戡乱，即“烹灭强暴、振救黔首”。

第五点所言是在奖励耕殖，展开理解的话则对应的是一种战国末期多数国家通过变法所实现的一种生产制度，即“授田制”。在西周及春秋时代的分封制和井田制的约束下，国君将土地层层分封给贵族，然后田获物产全部是归属于这块土地的受封者。高权位的分封者从中是得不到经济利益的，自然也就不会关心其生产丰寡。当授田制施行后，由国家君直接按户授予农民相应数量的土地，也直接从生产者手中获取税利，等于取消了国家内的经

① 《史记》卷6《秦始皇本纪》，第319页。

济权利分享，也就意味着是取消了存在于帝君之下、人民之上的任何社会权力。有的只是官僚体系下的行政级别。

第六点则反映的是秦代以吏为师的教育体系。循《韩非子·五蠹》之载："故明主之国，无书简之文，以法为教；无先王之语，以吏为师。"《秦始皇本纪》载："若欲有学法令，以吏为师。"[①]

六处秦皇刻石表达了秦始皇对自身权力与帝国社会的一种理想描摹。在这样的构想中，社会的整体状态只有"帝君"一个人拥有独立意识，其他人皆是依法照章地生活、生产的机械罢了。从这一点看，确实符合"帝"为神的本义。相较于前代周王君的权力形象，周王君治民治族依靠的是以"德"向上天换得的"命"，而帝君则秉持自身争取来的"圣"。

小　结

"帝君"型君权是古代中国君权形态的终型，也是最成熟型。"帝君"的观念在秦一统之前就已经出现。战国时代各国的变法为"帝君"思想的拓展提供了丰富的制度实践，长年的战乱为"帝君"注入了丰满的人文灵魂，诸子百家在战乱中对救世主的期望又催生了帝君的"内圣"本质。"帝君"本身是春秋战国时代社会文化的一个集成，同时也是整个先秦时代诸型君权的集成。

---

① 《史记》卷 6《秦始皇本纪》，第 326 页。

在现实权力中，帝君权力以“立法”为主要表达形式，通过严刑苛法对于外在行为的约束来实现人民对帝君习惯性顺承。相应的，其政权机器也是通过职业官僚来运作的，在官僚制度下，法律才有被普及和实施的可能。而在周代和春秋的贵族政治下，成文立法行为由于剥夺最高君主以外的其他贵族的政治特权而被认为会造成社会“贵贱无序”[①]。

在帝君的神圣形象方面，无论是君权来源还是政权神化，都是依靠对皇帝本身“圣”的形象构建来实现的。这种自我神圣也与周代“天命神圣”不同。虽然秦始皇不法古、不信天，但其实并未彻底排斥它。“天子”这一称呼在秦后世也仍然被用作帝君的神圣称谓。

① 《左传·昭公二十九年》：“仲尼曰：‘晋其亡乎！失其度矣。夫晋国将守唐叔之所受法度，以经纬其民，卿大夫以序守之，民是以能尊其贵，贵是以能守其业。贵贱不愆，所谓度也。文公是以作执秩之官，为被庐之法，以为盟主。今弃是度也，而为刑鼎，民在鼎矣。何以尊贵？贵何业之守？贵贱无序，何以为国？且夫宣子之刑，夷之蒐也，晋国之乱制也，若之何以为法？’”

结　论

本研究以传世文献为主要材料，结合部分出土文献与考古成果，在当今学界对国家起源与形态理论百家争鸣的环境下，构建出一个以先秦时代君权发展过程为观察对象的历史学模型。本研究旨在通过对不同历史阶段最高权力层次的君主权力形态研究，还原其所处时代的风物与思想。

一、君权形态发展的四阶段论

本研究根据先秦时代四个历史节点上的最高层级君主模型，定义出四种君主权力形态：长君、邦君、王君、帝君。“长君”之“长”，取《吕氏春秋·荡兵》“民固剥林木以战矣，胜者为长”中“长”之义。本研究认为，在传说中的夏世以前的五帝时代存在一种君主权力。五帝时代的社会组织呈现一种多层级形态，且每个层级是自然发展而来。在考古学所认识的夏代以前的龙山时代，社会组织具有家族、氏族、部落和部落联合体这四个层级，每个层级都有相对独立的权力单位。低级社会组织通过自发聚合而形成高一级的社会组织，所以一个人如果成为部落联合体这个层面的政治领袖，就意味着他同时在四个层级都拥有最高权力。“长君”就是其在联合体层面权力形态的表达。“长君”权位没有明确的传继制度，大多数获得这个权位的人来自势力强大的部族或部落，其本质是强势血缘组织对其他相对弱势势力的统治。然而这种“统治”并非专治，而是通过议事大会这样的权力机构来实现，是某种程度的“共治”。之所以是“某种程度”的共治，是因为联合体内部各部落间存在着因势力强弱而造成的不平等。联合体内部成员对该权位的武力争夺也是存在的，即“胜者为长”。故而“长君”的权位传继至少存在三种方式：（1）由强势部落酋长通过武力夺取；（2）由强势部落历代酋长担任；（3）由强势部落酋长选择其他部落酋长担任。基于第三种传继原则，“长君”之“长”就不再局限于部落战争中的“胜者”，可以丰富为拥有出众个人能力的“英雄”。“英雄”既是长君的权位前提，也是他的一个神圣身份。

“邦君”是存在于夏、商二代的最高权力保有者。历史发展至公元前 2100 年前后，部落联合体这一层次的权力组织开始出现转型，一个原因可能是联合体内部某个部落势力非常强大，从而开始了这一部落历代酋长的“专治”。“专治”也在部落组织层面发展起来，使得部落开始走向早期国家形态。一方面，部落联合体开始转变为邦国联合体，夏邦国成为事实上的霸主；另一方面，旧有的“共治”被打破，夏王实行专治统治。后来商邦国取代夏邦国成为新的霸主，但并没有改变这种国家形态，邦国联合体国家形态仍在继续发展，“邦君”型君权也一直存在，直至周邦取代商邦。由于夏、商两邦对邦国联合体的统治几乎完全依赖于自身的经济和军事实力，其邦君权力和权威也是来自本邦赋予，所以该阶段君权形态命名为“邦君”。

周原是商的服属邦国，后经武力革命，成为新的邦国联合体霸主。但周邦统治者并未因循这种国家形态，而是通过天命信仰、社神信仰、宗法改革、分封诸侯等方式将诸多邦国改造成地方一级的自治政权，于是形成了以周邦为王邦、其他邦国为封邦的复合制国家形态。在这样的国家形态下，周王的权力被宣扬为来自天，统治着周邦内外一切土地与人民，从而成为一种具有通贯天、地、人三界权能的君主，故而名曰“王君”。

周代复合制国家于公元前900年前后开始出现衰落，其封国纷纷在事实上脱离周王邦的管束。直至公元前221年，原封国秦国几乎兼并其他所有国家后建立了中央集权的帝国，君权走向“帝君”形态。“帝君”型君权宣扬自身权力来自君主自身的“圣”，对国家的控制依靠法律以及职业官僚，对全国领土实施郡县制直辖。此为君权的最终形态。

二、四形态君权转型中的思想因素

这四种君权形态之间发生了三次转型。第一次是长君转向邦君，这一转变的思想基础是伴随社会生产力发展而渐渐萌生的。长君转型邦君，从其权力表达来看，是由相对民主的共治转型为专治。这是基于家庭和私有观念的兴起。在实现君位的世袭和统治的专治后，权位传承也就不再以个人英雄能力和功绩为前提，而是以血统亲疏为前提。

第二次邦君向王君转型的主要原因是邦君权力的发展遇到了瓶颈。由于邦君在邦国联合体内部实施一种专治，故而对邦国联合体的统治只能依赖本邦势力来实现，加之其权位继承是以血统为原则。邦君时代的祖先信仰气氛格外浓重，反而限制了邦君权势扩张至具有不同血统渊源的邦国。故而周取代商成为邦君后，就着手改变这一局限。“天”作为一种普世信仰出现，为周代复合制国家实现跨血缘、跨邦国统治提供了思想基础。

第三次君权转型之前，周代的复合制国家遭遇了巨大政治与信仰危机后濒于解体。而在乱局之中，各种社会思想开始碰撞、融合。最后形成的“帝君”思想存在三个主要的思想源头，分别是民主思想、圣化思想与王圣思想。

就其三次转型的契机来看，长君向邦君转型是一次社会自然发展的结果，邦君向王君转型源于一场有明确目的的改革，而王君向帝君转型源于各种思想的偶然组合。

参考文献

一、古籍

（一）点校本与影印本

［1］（西汉）司马迁：《史记》，北京：中华书局，2014 年。

［2］（东汉）班固：《汉书》，北京：中华书局，1964 年。

［3］（东汉）许慎：《说文解字》，北京：中华书局，2002 年。

［4］（晋）郭璞注：《山海经》，谭承耕点校，长沙：岳麓书社，1992 年。

［5］（晋）郭璞注：《穆天子传》，洪颐煊校、张耘点校，长沙：岳麓书社，1992 年。

［6］（南朝宋）范晔：《后汉书》，北京：中华书局，1965 年。

［7］（北宋）司马光：《资治通鉴》，北京：中华书局，1956 年。

［8］（南宋）洪兴祖：《楚辞补注》，白化文等点校，北京：中华书局，1983 年。

[9]（南宋）朱熹:《四书章句集注》，北京：中华书局，1983 年。

[10]（南宋）洪迈:《容斋随笔》，孔凡礼点校，北京：中华书局，2005 年。

[11]（南宋）徐天麟:《西汉会要》，北京：中华书局，1957 年。

[12]（清）顾炎武著、黄汝成集释:《日知录集释》（全校本），栾保群、吕宗力点校，上海：上海古籍出版社，2006 年。

[13]（清）顾栋高辑:《春秋大事表》，吴树平、李解民点校，北京：中华书局，1993 年。

[14]（清）梁玉绳:《史记志疑》，北京：中华书局，2015 年。

[15]（清）钱大昕:《廿二史考异》，方诗铭、周殿杰点校，上海：上海古籍出版社，2004 年。

[16]（清）徐元诰:《国语集解》，王树民、沈长云点校，北京：中华书局，2002 年。

[17]（清）秦嘉谟等辑:《世本八种》，北京：商务印书馆，1957 年。

[18]（清）王鸣盛:《十七史商榷》，黄曙晖点校，上海：上海书店，2005 年。

[19]（清）赵翼:《廿二史劄记校证》，王树民校证，北京：中华书局，1984 年。

[20]（清）阮元校刻:《十三经注疏》（影印本），北京：中华书局，1980 年。

[21]（清）严可均校辑:《全上古三代秦汉三国六朝文》（影印本），北京：中华书局，1958 年。

［22］（清）孙楷：《秦会要订补》，徐复订补，北京：中华书局，1959 年。

［23］（清）孙楷：《秦会要》，杨善群校补，上海：上海古籍出版社，2004 年。

［24］（清）孙诒让：《墨子闲诂》，孙启治点校，北京：中华书局，2001 年。

［25］（清）王先谦：《荀子集解》，沈啸寰、王星贤点校，北京：中华书局，1988 年。

［26］（清）王先慎：《韩非子集解》，钟哲点校，北京：中华书局，1998 年。

［27］（清）苏兴：《春秋繁露义证》，钟哲点校，北京：中华书局，1992 年。

（二）民国以来整理本

［1］（西汉）刘向集录：《战国策笺证》，范祥雍笺证、范邦瑾协校，上海：上海古籍出版社，2006 年。

［2］范祥雍编：《古本竹书纪年辑校订补》，上海：上海人民出版社，1957 年。

［3］何宁集释：《淮南子集释》，北京：中华书局，1998 年。

［4］黄怀信、张懋镕、田旭东：《逸周书汇校集注》（修订本），上海：上海古籍出版社，2007 年。

［5］黄晖：《论衡校释：附刘盼遂集解》，北京：中华书局，1990 年。

［6］蒋礼鸿：《商君书锥指》，北京：中华书局，1986 年。

［7］李步嘉校释：《越绝书校释》，北京：中华书局，2014 年。

［8］刘文典：《淮南鸿烈集解》，北京：中华书局，1989 年。

［9］李学勤主编：《十三经注疏（标点本）》，北京：北京大学出版社，1999 年。

［10］王利器：《新语校注》，北京：中华书局，1986 年。

［11］许维遹撰、梁运华整理：《吕氏春秋集释》，北京：中华书局，2010 年。

［12］（汉）韩婴：《韩诗外传集释》，许维遹校释，北京：中华书局，1980 年。

［13］（汉）贾谊：《新书校注》，阎振益、钟夏校注，北京：中华书局，2000 年。

［14］周生春：《吴越春秋辑校汇考》，上海：上海古籍出版社，1997 年。

（三）出土文献与考古报告

［1］国家文物局古文献研究室编：《马王堆汉墓帛书》，北京：文物出版社，1980 年。

［2］湖南省博物馆等编著：《长沙楚墓》，北京：文物出版社，2000 年。

［3］荆门市博物馆编：《郭店楚墓竹简》，北京：文物出版社，1998 年。

［4］李学勤主编：《清华大学藏战国竹简（壹）》，北京：中西

书局，2010 年。

［5］李学勤主编:《清华大学藏战国竹简（贰）》，北京：中西书局，2011 年。

［6］马承源主编:《上海博物馆藏战国楚竹书》，上海：上海古籍出版社，2001 年。

［7］夏商周断代工程专家组编著:《夏商周断代工程 1996—2000 年阶段成果报告・简本》，北京：世界图书出版公司北京公司，2000 年。

［8］中国社会科学院考古研究所编:《殷周金文集成》（修订增补本），北京：中华书局，2007 年。

二、学术著作

（一）国内学术著作

［1］晁福林:《先秦民俗史》，上海：上海人民出版社，2001 年。

［2］晁福林:《夏商西周的社会变迁》，北京：中国人民大学出版社，2010 年。

［3］晁福林:《春秋战国的社会变迁》，北京：商务印书馆，2011 年。

［4］晁福林:《天命与彝伦：先秦社会思想探研》，北京：北京师范大学出版社，2012 年。

［5］陈国强等:《百越民族史》，北京：中国社会科学出版社，1988 年。

[6] 陈来:《古代宗教与伦理：儒家思想的根源》，北京：生活·读书·新知三联书店，2009年。

[7] 陈来:《古代思想文化的世界——春秋时代的宗教、伦理与社会思想》，北京：生活·读书·新知三联书店，2009年。

[8] 陈连开:《中华民族研究初探》，北京：知识出版社，1994年。

[9] 陈连开:《求同初阶——陈连开学术论文集》，北京：中央民族大学出版社，2008年。

[10] 陈梦家:《殷墟卜辞综述》，北京：科学出版社，1956年。

[11] 陈直:《史记新证》，天津：天津人民出版社，1979年。

[12] 丁山:《中国古代宗教与神话考》，上海：上海书店出版社，2011年。

[13] 丁山:《古代神话与民族》，北京：商务印书馆，2013年。

[14] 杜而未:《中国古代宗教研究》，台北：台湾学生书局，1980年。

[15] 杜正胜:《古代社会与国家》，台北：台湾允晨文化实业股份有限公司，1992年。

[16] 费孝通主编:《中华民族多元一体格局》(修订本)，北京：中央民族大学出版社，1999年。

[17] 甘怀真编:《东亚历史上的天下与中国概念》，台北：台湾大学出版中心，2007年。

[18] 高国藩:《中国巫术史》，上海：上海三联书店，1999年。

[19] 高明士:《天下秩序与文化圈的探索——以东亚古代的政治与教育为中心》，上海：上海古籍出版社，2008年。

[20] 葛兆光:《中国思想史》(第二卷),上海:复旦大学出版社,2004 年。

[21] 葛兆光:《宅兹中国:重建有关“中国”的历史论述》,北京:中华书局,2011 年。

[22] 顾德融、朱顺龙:《春秋史》,上海:上海人民出版社,2001 年。

[23] 韩建业、杨新改:《五帝时代:以华夏为核心的古史体系的考古学观察》,北京:学苑出版社,2006 年。

[24] 胡厚宣、胡振宇:《殷商史》,上海:上海人民出版社,2003 年。

[25] 胡新生:《中国古代巫术》,济南:山东人民出版社,1998 年。

[26] 翦伯赞:《先秦史》,北京:北京大学出版社,1999 年。

[27] 金景芳:《中国奴隶社会史》,上海:上海人民出版社,1983 年。

[28] 雷虹霁:《秦汉历史地理与文化分区研究:以〈史记〉〈汉书〉〈方言〉为中心》,北京:中央民族大学出版社,2007 年。

[29] 梁启超:《先秦政治思想史》,北京:中华书局,2015 年。

[30] 梁钊韬:《中国古代巫术:宗教的起源和发展》,广州:中山大学出版社,1999 年。

[31] 李冬君:《孔子圣化与儒者革命》,北京:中国人民大学出版社,2004 年。

[32] 李零:《简帛古书与学术源流》(修订本),北京:生

活·读书·新知三联书店，2004年。

[33] 李零：《上博楚简三篇校读记》，北京：中国人民大学出版社，2007年。

[34] 李龙海：《汉民族形成之研究》，北京：科学出版社，2010年。

[35] 李民、张国硕编著：《夏商周三族源流探索》，郑州：河南人民出版社，1998年。

[36] 林富士：《汉代的巫者》，台北：稻乡出版社，1999年。

[37] 李雪山：《商代分封制度研究》，北京：中国社会科学出版社，2004年。

[38] 林惠祥：《文化人类学》，北京：商务印书馆，2011年。

[39] 林剑鸣：《秦史稿》，上海：上海人民出版社，1981年。

[40] 林耀华主编：《民族学通论》（修订本），北京：中央民族大学出版社，1997年。

[41] 刘泽华、汪茂和、王兰仲：《专制权力与中国社会》，长春：吉林文史出版社，1988年。

[42] 刘泽华：《中国政治思想通史（先秦卷）》，北京：中国人民大学出版社，2014年。

[43] 李玄伯：《中国古代社会新研》，上海：上海文艺出版社，1988年。

[44] 李学勤：《东周与秦代文明》，上海：上海人民出版社，2014年。

[45] 李泽厚：《由巫到礼 释礼归仁》，北京：生活·读书·新

知三联书店，2015 年。

[46] 李向平:《王权与神权——周代政治与宗教研究》，沈阳：辽宁教育出版社，1991 年。

[47] 鲁西奇:《何草不黄:〈汉书〉断章解义》，桂林：广西师范大学出版社，2015 年。

[48] 吕大吉:《宗教学通论新编》，北京：中国社会科学出版社，2010 年。

[49] 吕思勉:《先秦史》，上海：上海古籍出版社，1982 年。

[50] 马非百:《秦集史》，北京：中华书局，1982 年。

[51] 麻天祥、姚彬彬、沈庭:《中国宗教史》，武汉：武汉大学出版社，2012 年。

[52] 宁骚:《民族与国家：民族关系与民族政策的国际比较》，北京：北京大学出版社，1995 年。

[53] 清华大学出土文献研究与保护中心编:《清华简研究》(第一辑)，北京：中西书局，2012 年。

[54] 秦永龙编著:《西周金文选注》，北京：北京师范大学出版社，1992 年。

[55] 沈长云、张渭莲:《中国古代国家起源与形成研究》，北京：人民出版社，2009 年。

[56] 宋兆麟:《巫觋——人与鬼神之间》，北京：学苑出版社，2001 年。

[57] 宋镇豪:《夏商社会生活史》，北京：中国社会科学出版社，1994 年。

［58］田继周：《先秦民族史》，成都：四川民族出版社，1996年。

［59］田天：《秦汉国家祭祀史稿》，北京：生活·读书·新知三联书店，2015年。

［60］田晓岫：《中华民族发展史》，北京：华夏出版社，2001年。

［61］童书业：《春秋左传研究》（校订本），北京：中华书局，2006年。

［62］王博：《中国儒学史（先秦卷）》，北京：北京大学出版社，2011年。

［63］王贵民、杨志清编著：《春秋会要》，北京：中华书局，2009年。

［64］王国维：《观堂集林》，石家庄：河北教育出版社，2003年。

［65］王健文：《奉天承运——古代中国的“国家”概念及其正当性基础》，台北：东大图书公司，1995年。

［66］王柯：《民族与国家：中国多民族统一国家思想的系谱》，北京：中国社会科学出版社，2001年。

［67］王明珂：《华夏边缘——历史记忆与族群认同》，北京：社会科学文献出版社，2006年。

［68］王宇信等：《中国古代文明与国家形成研究》，北京：中国社会科学出版社，2007年。

［69］王玉哲：《中华民族早期源流》，天津：天津古籍出版社，2010年。

［70］王震中：《中国文明起源的比较研究》（增订本），北京：中国社会科学出版社，2013年。

［71］王震中:《中国古代国家的起源与王权的形成》，北京：中国社会科学出版社，2013 年。

［72］王钟翰主编:《中国民族史》（增订本），北京：中国社会科学出版社，1994 年。

［73］卫聚贤:《古史研究：民俗、民间文学影印资料之五十》，上海：上海文艺出版社，1990 年。

［74］［韩］文镛盛:《中国古代社会的巫觋》，北京：华文出版社，1999 年。

［75］谢维扬:《周代家庭形态》，北京：中国社会科学出版社，1990 年。

［76］谢维扬:《中国早期国家》，杭州：浙江人民出版社，1995 年。

［77］辛德勇:《制造汉武帝》，北京：生活·读书·新知三联书店，2015 年。

［78］邢义田:《天下一家：皇帝、官僚与社会》，北京：中华书局，2011 年。

［79］徐杰舜:《汉民族发展史》，成都：四川民族出版社，1992 年。

［80］徐旭生:《中国古史的传说时代》（增订本），北京：文物出版社，1985 年。

［81］徐中舒主编:《殷周金文集录》，成都：四川人民出版社，1984 年。

［82］许倬云:《西周史》（增订本），北京：生活·读书·新知

三联书店，1994 年。

［83］许倬云：《中国古代社会研究史论——春秋战国社会流动》，桂林：广西师范大学出版社，2006 年。

［84］许倬云：《我者与他者——中国历史上的内外分际》，北京：生活·读书·新知三联书店，2010 年。

［85］牙含章：《民族形成问题研究》，成都：四川民族出版社，1980 年。

［86］晏昌贵：《巫鬼与淫祀——楚简所见方术宗教考》，武汉：武汉大学出版社，2010 年。

［87］杨伯峻编著：《春秋左传注》（修订本），北京：中华书局，2014 年。

［88］杨宽：《西周史》，上海：上海人民出版社，1999 年。

［89］杨宽：《战国史》，上海：上海人民出版社，1998 年。

［90］杨宽、吴浩坤主编：《战国会要》，上海：上海古籍出版社，2012 年。

［91］杨阳：《王权的图腾化——政教合一与中国社会》，杭州：浙江人民出版社，2000 年。

［92］易建平：《部落联盟与酋邦——民主·专制·国家：起源问题比较研究》，北京：社会科学文献出版社，2004 年。

［93］袁珂：《中国神话传说——从盘古到秦始皇》，北京：世界图书出版公司，2012 年。

［94］于省吾主编：《甲骨文字诂林》，北京：中华书局，1996 年。

［95］余英时：《中国思想传统的现代诠释》，南京：江苏人民

出版社，1992 年。

［96］余英时:《士与中国文化》，上海：上海人民出版社，2013 年。

［97］张光直:《中国青铜时代》，北京：生活・读书・新知 三联书店，1983 年。

［98］张树国:《春秋贵族社会衰亡期的历史叙事：以〈左传〉为例》，北京：中国社会科学出版社，2008 年。

［99］张正明:《秦史稿》，上海：上海人民出版社，1987 年。

［100］詹鄞鑫:《神灵与祭祀——中国传统宗教综论》，南京：江苏古籍出版社，1992 年。

［101］詹鄞鑫:《心智的误区——巫术与中国巫术文化》，上海：上海教育出版社，2001 年。

［102］赵汀阳:《天下体系——世界制度哲学导论》，南京：江苏教育出版社，2005 年。

［103］中国社会科学院考古研究所编:《殷周金文集成释文》，香港：香港中文大学中国文化研究所，2001 年。

［104］中国社会科学院考古研究所、中国社会科学院古代文明研究中心:《中国文明起源研究要览》，北京：文物出版社，2003 年。

［105］中华书局编辑部编:《云梦秦简研究》，北京：中华书局，1981 年。

［106］周桂钿:《秦汉思想史》，石家庄：河北人民出版社，2000 年。

［107］朱狄:《信仰时代的文明——中西文化的趋同与差异》，

北京：中国青年出版社，1999 年。

[108] 朱凤瀚：《商周家族形态研究》，天津：天津古籍出版社，2004 年。

（二）汉译国外学术著作

[1][英] 安东尼·吉登斯：《民族—国家与暴力》，胡宗泽、赵力涛译，北京：生活·读书·新知三联书店，1998 年。

[2][日] 渡边信一郎：《中国古代的王权与天下秩序：从日中比较史的视角出发》，徐冲译，北京：中华书局，2008 年。

[3][美] 克拉莫尼克、F.M. 华特金斯：《意识形态的时代——近代政治思想简史》，章必功译，上海：同济大学出版社，1991 年。

[4][美] 路易斯·亨利·摩尔根：《古代社会（上册）》，杨东莼、马雍、马巨译，北京：商务印书馆，1977 年。

[5][德] 马克斯·韦伯：《中国的宗教：儒教与道教》，康乐、简惠美译，桂林：广西师范大学出版社，2010 年。

[6][德] 马克斯·韦伯：《宗教社会学》，康乐、简惠美译，桂林：广西师范大学出版社，2004 年。

[7][德] 马克斯·韦伯：《中国的宗教·宗教与世界》，康乐、简惠美译，桂林：广西师范大学出版社，2004 年。

[8][英] 马林诺夫斯基：《文化论》，费孝通等译，北京：中国民间文艺出版社，1987 年。

[9][英] 梅因：《古代法》，沈景一译，北京：商务印书馆，1996 年。

[10][美]乔纳森·哈斯:《史前国家的演进》，罗林平等译，北京：求实出版社，1988年。

[11][日]藤田胜久:《〈史记〉战国史料研究》，曹峰、[日]广濑薰雄译，上海：上海古籍出版社，2008年。

[12][日]伊藤道治:《中国古代王朝的形成——以出土资料为主的殷周史研究》，江蓝生译，北京：中华书局，2002年。

[13][美]詹·乔·弗雷泽:《金枝》，徐育新、汪培基、张泽石译，北京：大众文艺出版社，1998年。

三、学术论文

（一）国内学术论文

[1]毕奥南:《从邑土国家到领土国家的边疆——先秦时代边疆形成考察》,《中国边疆史地研究》2011年第4期。

[2]常玉芝:《商汤时期的祖先崇拜与社神崇拜》，载宋镇豪主编:《甲骨文与殷商史》，上海：上海古籍出版社，2013年。

[3]晁福林:《论殷代神权》,《中国社会科学》，1990年第1期。

[4]晁福林:《说商代的“天”和“帝”》,《史学集刊》2016年第3期。

[5]王毅、江章华、李明斌、卢丁:《四川新津县宝墩遗址调查与试掘》,《考古》1997年第1期。

[6]陈梦家:《商代的神话与巫术》,《燕京学报》1936年第20期。

[7]陈玉屏:《略论中国古代的“天下”、“国家”和“中国”

观》,《民族研究》2005 年第 1 期。

[8] 董恩林:《论周代分封制与国家统一》,《华中师范大学学报（人文社会科学版）》1998 年第 5 期。

[9] 冯时:《殷卜辞四方风研究》,《考古学报》1994 年第 2 期。

[10] 顾颉刚、杨向奎:《三皇考》,《燕京学报》1936 年第 26 期。

[11] 顾立雅:《释天》,《燕京学报》1935 年第 18 期。

[12] 郭沫若:《先秦天道观之进展》，载《郭沫若全集 · 历史编第一卷》，北京：人民出版社，1982 年。

[13] 宋金槐、李京华:《登封王城岗遗址的发掘》,《文物》1983 年第 3 期。

[14] 黄中业:《商代“分封”说质疑》,《学术月刊》1986 年第 5 期。

[15] 胡厚宣:《论五方观念与中国称谓之起源》，载《甲骨学商史论丛二集》，成都：齐鲁大学国学研究所，1944 年。

[16] 胡厚宣:《殷卜辞中的上帝和王帝（上）》,《历史研究》1959 年第 9 期。

[17] 胡厚宣:《殷卜辞中的上帝和王帝（下）》,《历史研究》1959 年第 10 期。

[18] 金兆梓:《封邑邦国方辨》,《历史研究》1956 年第 2 期。

[19] 李修松:《立社与分封》,《安徽大学学报（哲学与社会科学版）》1992 年第 2 期。

[20] 李学勤:《商代的四风与四时》,《中州学刊》1985 年第 5 期。

[21] 李学勤:《作册般铜鼋考释》,《中国历史文物》2005 年

第 1 期。

[22] 罗志田:《先秦的五服制与古代的天下中国观》，载《学人》第 10 辑，南京：江苏文艺出版社，1996 年。

[23] 马承源:《何尊铭文初释》,《文物》1976 年第 1 期。

[24] 马新:《论两汉民间的巫与巫术》,《文史哲》2001 年第 3 期。

[25] 齐文心:《关于商代称王的封国君长的探讨》,《历史研究》1985 年第 2 期。

[26] 沈长云:《说殷墟卜辞中的“王族”》,《殷都学刊》1998 年第 1 期。

[27] 孙家洲:《汉代巫术巫风探幽》,《社会科学战线》1994 年第 5 期。

[28] 童恩正:《中国古代的巫》,《中国社会科学》1995 年第 5 期。

[29] 王国维:《殷周制度论》，载《观堂集林》，石家庄：河北教育出版社，2003 年。

[30] 王震中:《商代都鄙邑落结构与商王的统治方式》,《中国社会科学》2007 年第 4 期。

[31] 王震中:《夏代“复合型”国家形态简论》,《文史哲》2010 年第 1 期。

[32] 王震中:《论商代复合制国家结构》,《中国史研究》2012 年第 3 期。

[33] 王子今:《汉代儒学的神学色彩》,《齐鲁学刊》2004 年第 4 期。

[34] [韩] 文镛盛:《汉代巫觋的社会存在形态》,《北京师范

大学学报（人文社会科学版）》1999 年第 4 期。

[35] 杨琳：《社神的源流》，《文献》1998 年第 1 期。

[36] 杨升南：《卜辞所见诸侯对商王室的臣属关系》，载胡厚宣主编：《甲骨文与殷商史》，上海：上海古籍出版社，1983 年。

[37] 严文明：《中国新石器时代聚落形态的考察》，载《庆祝苏秉琦考古五十五年论文集》，北京：文物出版社，1989 年。

[38] 易建平：《酋邦与专制政治》，《历史研究》2001 年第 5 期。

[39] 易建平：《文明与国家起源新解——与范毓周、王震中等学者商榷》，《中国社会科学报》2011 年 8 月 11 日，第 005 版。

[40] 易建平：《关于国家定义的重新认识》，《历史研究》2014 年第 2 期。

[41] 张正明：《先秦的民族结构、民族关系和民族思想——兼论楚人在其中的地位和作用》，《民族研究》1983 年第 5 期。

[42] 赵世超：《西周为早期国家说》，《陕西师大学报（哲学社会科学版）》1992 年第 4 期。

[43] 刘斌：《杭州市余杭区良渚古城遗址 2006~2007 年的发掘》，《考古》2008 年第 7 期。

[44] 严志斌、何驽：《山西襄汾陶寺城址 2002 年发掘报告》，《考古学报》2005 年第 3 期。

[45] 中国社会科学院考古研究所实验室：《放射性碳素测定年代报告（一〇）》，《考古》1983 年第 7 期。

[46] 周书灿：《商朝国家结构与国土构造》，《殷都学刊》2001 年第 4 期。

[47] 周伟洲:《周人、秦人、汉人和汉族》,《中国史研究》1995年第2期。

[48] 朱凤翰:《商周时期的天神崇拜》,《中国社会科学》1993年第4期。

[49] 朱凤翰:《商人诸神之权能与其类型》,载吴荣曾主编:《尽心集——张政烺先生八十庆寿论文集》,北京:中国社会科学出版社,1996年。

[50] 朱凤翰:《作册般鼋探析》,《中国历史文物》2005年第1期。

(二)国外学术论文

[1][俄]哈赞诺夫:《关于早期国家研究的一些理论问题》,载中国世界古代史学会主编:《古代世界城邦问题译文集》,北京:时事出版社,1985年。

[2][荷]克赖森:《关于早期国家的早期研究》,胡磊译,《中国社会科学院古代文明研究中心通讯》2006年第12期。

四、学位论文

[1] 陈穗铮:《先秦时期"中国"观念的形成与发展》,台湾大学历史研究所硕士学位论文,1992年。

[2] 陈筱芳:《春秋宗教习俗》,四川大学文学与新闻学院博士学位论文,2004年。

[3] 高兵:《周代婚姻制度研究》,吉林大学古籍研究所博士学位论文,2004年。

[4] 辛田：《春秋战国时期社会转型研究》，陕西师范大学历史文化学院博士学位论文，2006 年。

[5] 张文安：《周秦两汉神仙信仰研究》，郑州大学历史学院博士学位论文，2005 年。

后　记

从有君到无君

指点江山，激扬文字，粪土当年万户侯。

曾记否，到中流击水，浪遏飞舟?

——《沁园春·长沙》

本书是以我的博士学位论文为底稿修改完成的，对中华大地之上的君权形态研究截止于秦之大一统。单纯从时间跨度而言，本研究有着近4000年的历史观察，不可谓不磅礴。但从对象而言，研究视阈只局限在设定的历史点位上的君权模型的形态。不得不承认，这种“大纵深—小立面”式的选题是在学术研究与学位申请间做出的功利化权宜之选。本研究史事考据较微，理论构建则相对为著，这一方面是先秦史和政治思想史的研究范式特点，另一方面是兴趣使然。在本书绪论部分，我引用了克罗齐“一切鲜活的历史都是当代史”的论断。无独有偶，与克罗齐身处同一时代的中国大哲梁启超也有相似的观点，他认为新时代的中国史学不仅要考据“陈迹”忠于“事实”，更要经理“今务”发轫“理想”。[①]刘泽华先生也曾在《求是》刊文称，他毫不掩饰地认为历史学可以有经世致用的精神，要“搭上时代的列车”且“史学工作者应该具有对于人类与民族命运的强烈的关切感与使命感”。对于初入史海潜翔的我来说，此三家思想不啻醍醐灌顶。历史学的研究对象虽然是过去时空中的人与物，但历史学的成果及相关的观点传播不可否认地能够影响到现实的学术和社会活动。诚然一批批纯粹而专精的历史学家皓首穷经地致力于还原一段历史，但生性浮躁的我想到的是：何尝不可利用同样的历史遗产，在现实中构建一种历史记忆、植入一种公共观念呢？或许这就是我选此课题的初始契机。而后我任教于北京服装学院，主讲《中国近现代史纲要》，面对中国近现代史这一内生的传统与舶来的现代如此激烈碰撞的时代，不能不让我重新审视自有器物文明以来的政治传统，也正是在对当代中国社会的观察、思考中，进一步激起了我对权力及实质的重新解构。

“夷狄之有君，不如诸夏之亡也。”本意指没有礼教规训的夷狄，就算是构建起强大的政治–军事组织，其对文明的贡献也不如王国隳灭的诸夏。抛开那个时代的夷夏之辨，循夫子之义或许可以看出一个族群基于现实发展而催化出的组织体是早于为建设内部凝聚力而衍生出的文化体的。回归一个质朴到无聊的问题，人何以为“人”？评介标准未必在于能否使用工具，灵长类动物与海

① 参见梁启超：《新史学》，夏晓虹、陆胤校，北京：商务印书馆，2014 年。

豚皆能有意识地借助工具甚至制造工具。“至于犬马，皆能有养”，所以对幼小衰老的同伴进行照顾也并非人独有之能力。有观点认为人能够创造文明的智能来自一场生物学层面的“认知革命”[①]，即在能够对抽象符号进行人为赋意并传播形成共识后，人群中就产生了集体记忆与集体想象。在这种能力之下，人们可以想象出一个故事，使之成为目标共同体成员相互之间的知识公约数，在共享同一套记忆与观念之下实现人与人的有机联合，进而获得更强大的与包括自然、野兽、异族等在内一切敌对方进行对抗的自卫力量。回溯人类的大历史，我们会发现这套“故事”可以是多样的，有的是先世历史、有的是神灵传说、有土地情怀，还有生产方式。当历史迈入 20 世纪，苏联与美国在冷战的环境中又为古老的人群共同体叙事分别加入了“民主”与“自由”这两条几乎突破了一切血缘、地缘藩篱的叙事线索。伴随着近现代科学的兴起与发展，集合了人对事物理解、认识和价值观的新概念——“意识形态”替代了显得过于随意的“故事”，开始被用以形容起着整合社会效用的那股思想的、文化的力量。意识形态开始主导社会，并驱遣人们制定用来规训行为的法律秩序，并在其框架下利用暴力机器或内化于心的权威推动权力与财富的再分配。作为这种秩序下的文化与实践的顶层象征，君主往往被视作代表整个系统的具形的偶像，甚至可以说君主就是公权、“朕即国家”。

---

① 参见［以］尤瓦尔·赫拉利：《人类简史：从动物到上帝》，林俊宏译，北京：中信出版社，2017 年。

不可否认，用于构建人群共同体的这些意识形态话语都相对宏大，其本质都是在自然的人之上想象并加设了一种高于个体人格的存在。从普通人的浅层直觉出发，这种用来打造群体安全堡垒的话语似乎背离了个体对自由的终极追求。基于对更纯粹自由的渴望，从古希腊的芝诺，再到中华的老庄，以弱化公共管理为核心诉求的小农经济下类“无为”思想一直与试图构建更强更广人群共同体的意识形态颉颃交替地发展。近现代以来，这种“弱公强私”的思潮也进化为逻辑体系更完备的无政府主义。“拔一毛而利天下，不为也”[①]的贵己思想演变成可探讨位面更为丰富的“电车难题”，其本质仍然是预设一种必然发生且必然扩大的暴力滑坡，进而认为推倒象征公共性的权力和神化性的君主后，戕害个体自由的邪恶力量就能消弭。仿佛只要消灭君主这一偶像，就能消灭君权这一压迫。

然而现实的实践与发展全然不同于书斋里的头脑风暴。君权在成为一个社会最顶层的权力偶像同时，却并不掌控对社会权力和财富的完全分配能力。事实上，围绕在我们每一个人周边的对自由的禁锢，不只来自可名状的公权力，更多的则是来自不可标记的私权力。秦晖在《传统中华帝国的乡村基础控制》中把传统中国公私权力的次序结构总结为：

国权不下县，县下惟宗族，宗族皆自治，自治靠伦理，伦理

① 《孟子·尽心上》。

靠乡绅。[①]

虽然我非常认同伦理道德对社会稳定的重要作用，但必须还要认识到伦理道德本质上是基于昨日生产力水平而生成的秩序习惯对未来生产力水平下的生活方式进行的定义。它甫一出现就是落后的、禁锢发展的。它首先满足的是既得利益集团固化利益的需求，其次才是为普罗受众提供一套勉强可以接受的外部秩序。依托于内化于心的伦理宗法，私权对人的压迫自在无觉地成了被压迫者奉认的圭臬，并由此对上一层级输入性的与私权相割据的公权形成反感和矛盾。所以当历史上的公权力崩塌，哪怕只是相对衰落，带来的场景也绝非个体的、平等的自由情境，而是私权团体瞬间野蛮滋长，诸如盗匪、宗党、教团这般能高效管理成员的群体，将最先接管权力真空下的基层空间。而这只会带来更为严苛的、表现得更为隐散的对个体自由的戕害。

虽然基层的私权机器侵害着每个人的根本性权利，但它与公权机器同享一套信用体系，巨量的由私权引发的矛盾可以顺着明晰的权力金字塔上溯到居于责任端点的君主，但对于普通民众而言，却很难自主地发现责任的起点。越一体化的官僚系统，就越容易将多点的、局部的基层矛盾集中到君主一极，而中间层的私权团体坐吃底层血肉。下民之苦，宏观上被指向君权的压迫，微

① 参见秦晖：《传统中华帝国的乡村基础控制》，载《传统十论》，太原：山西人民出版社，2019年。

观上又归责为君权的不作为。君权所代表的公权系统很容易在这种双向针对下过载，于是也带来了专制君主中央集权体系既强大又敏感的特性。然而，我依然认为这般的君主体制是不折不扣的历史进步产物。本研究所梳理的先秦君权形态发展中，从松散部落联盟的长君演进到中央集权下的帝君，宏观呈现的发展线索就是顶层君权在不断突破和消灭中间权力层级，尽可能地在已知地域实现编户齐民，利用不断成熟且相对客观的成文条令实现某种程度的法治。只是在农耕经济之下，君主所代表的公共性权力及其官僚触手囿于成本而下探的深度有限，在其控制的极限之领域形成了被称为“县”的一级行政机构，同时也是古代中国两千余年帝制中数量与辖区面积均最为稳定的行政单位。这正是“皇权不下县”本因，在县域之下就是各色乡团事实上裂土自治的场域。君权与私权即在县城城墙上签下了共治契约。所以君权在本质上也是一种私权，只不过作为大宗权力而具有一定公共性。

近代以来的中国经受着天捶海淬般重塑，为了对抗作为外部输入性危机的殖民侵略，就必须从县域以下发动绝对体量的优势人口参与到反帝国主义的战争中来。欲实现基层人口的联合，就需要向分而治民的宗族权力及千年以来的合作者——帝制君权同时宣战。新文化运动中的陈独秀首倡“自由”之号，鼓舞每一个独立的人格去脱离宗族这般私权的桎梏。从此中国历史的核心任务由如何自上而下地强化旧君权，变成了如何自下而上地创造新君权。如果说旧君的合法基础是自说自话的在世圣人，那么新君就是共识产生的人民精英；旧君的权位传让依循血统亲疏，新君的权力更迭则凭借法统正邪。作为一个封闭的权力单位的君从有到无；作为一个开放的权力体系的“君”从无到有。

笔墨至此，我想问起一个老问题，“历史学何用”？我想就在今天对社会这一超复杂系统仍无法实现完全的量化管理下，历史研究提供了巨量的经验碎片为人类发展的道路铺陈出可能的前远。“不识庐山真面目，只缘身在此山中”，今天的我们又处在哪一个历史的端点？盘旋于哪一段发展的螺旋？

刘轶伦

2022 年春　写于北京

图书在版编目（CIP）数据

君曰卜尔：先秦时代的君权形态与想象 / 刘铁伦 著 . — 北京：东方出版社，2023.1
ISBN 978-7-5207-2915-4

Ⅰ. ①君… Ⅱ . ①刘铁伦… Ⅲ . ①君主制 — 研究 — 中国 Ⅳ . ① D691.2

中国版本图书馆 CIP 数据核字（2022）第 142125 号

君曰卜尔：先秦时代的君权形态与想象
（JUNYUE BIER: XIANQIN SHIDAI DE JUNQUAN XINGTAI YU XIANGXIANG）

作　　者：刘铁伦
责任编辑：刘　峥　马　旭
出　　版：东方出版社
发　　行：人民东方出版传媒有限公司
地　　址：北京市东城区朝阳门内大街 166 号
邮　　编：100010
印　　刷：北京联兴盛业印刷股份有限公司
版　　次：2023 年 1 月第 1 版
印　　次：2023 年 1 月第 1 次印刷
开　　本：880 毫米 × 1230 毫米　1/32
印　　张：7.375
字　　数：149 千字
书　　号：ISBN 978-7-5207-2915-4
定　　价：54.00 元
发行电话：（010）85924663　85924644　85924641